PETIT VOCABULAIRE
DE LA DÉROUTE SCOLAIRE

DES MÊMES AUTEURS

L'Horreur pédagogique, Ramsay, 1999.

Guy Morel
Daniel Tual-Loizeau

PETIT VOCABULAIRE DE LA DÉROUTE SCOLAIRE

Illustrations de Franck Moatti

Éditions Ramsay

La langue va où la dent fait mal.

PROVERBE.

Le but du novlangue était non seulement de fournir un mode d'expression aux idées générales et aux habitudes mentales des dévots de l'angsoc, mais de rendre impossible tout autre mode de pensée.

GEORGE ORWELL, *1984.*

Hors-d'œuvre

Conseil de discipline dans un lycée au XXIe siècle

On examinait, sous la présidence du *manager* de la *communauté éducative*, le cas d'un *apprenant* particulièrement rétif. Le *jeune* en cause, dont le *suivi* était pourtant assuré par un *tuteur* expérimenté, s'en était pris physiquement au *coordinateur des apprentissages* lors d'une séance de *vie de classe*. À sa charge encore, une série d'*incivilités* dont la dernière était d'avoir crevé, par malveillance, trois *référentiels bondissants*.

Plusieurs commissions *d'écoute*, la signature de *contrats* qui fixaient des *objectifs personnalisés* balisant son *parcours individualisé*, tous les *outils* de *remédiation* étaient restés inopérants. En outre, son *livret de compétences*, recensant ses *capacités* depuis la maternelle, révélait des *conflits socio-*

Apprenant

Géniteurs d'apprenant

cognitifs non résolus et une attitude constamment négative devant les *situations-problèmes*. Lourd dossier donc, et la sanction promettait d'être exemplaire…

Les délibérations devaient pourtant prendre, d'entrée de jeu, un tour inattendu.

Un *intervenant extérieur*, associé à la *coéducation*, plaida en effet tout de suite l'indulgence. L'impétrant, dit-il, en dépit de ses débordements, n'avait-il pas réalisé un *TPE* de qualité et montré une maîtrise incontestable des *TICE*, manifestant par là qu'il était un *sujet social* capable d'élaborer ses propres *stratégies mentales* et de s'*autoévaluer* ? Avait-on suffisamment pris en compte ses *compétences transversales* ? On ne pouvait, à ce jour, désespérer d'en faire un véritable *acteur-auteur* de sa *formation*.

Le *coordonnateur* de l'*équipe*, soutenu par les soupirs appuyés de deux autres *médiateurs des apprentissages*, répondit timidement : « Nous avons pourtant usé, dans son cas, de tous les *leviers* qu'offrent la *pédagogie du détour* et la *pédagogie de la dissonance*, particulièrement adaptées aux *nouveaux publics* ! »

Ces propos firent bondir deux délégués des *géniteurs d'apprenants*. Comment des *adultes-référents*, s'indignèrent-ils en chœur, pouvaient-ils afficher une telle assurance ? Trop d'entre eux, en *républicains* aveuglés par un *élitisme méritocratique* hors d'âge, restaient, on le savait bien, murés dans leur *insularité*, prisonniers d'une relation *frontale* avec le *groupe-classe*, incapables d'une réelle *centration sur l'apprenant*. Qui plus est, beaucoup négligeaient les *évaluations formatives* au bénéfice des seules *sommatives*. Normal donc que *le jeune*, humilié par des *contrôles* décevants, ait fini par extérioriser sa révolte.

Un *interlocuteur de proximité* se mit alors de la partie. L'*équipe éducative*, insinua-t-il, n'avait, en effet, peut-être pas suffisamment perçu l'*autrement-dit* que traduisaient les insultes et les coups. Replacés dans un contexte de *communication*, ceux-ci n'étaient-ils pas les signes d'une *violence positive*, en *émergence forte* dans le *champ* de l'enseignement ?

Finalement, un consensus s'établit et, à l'instigation du délégué des élèves élu au *CVL*, il fut décidé que le creveur de ballons signerait une nouvelle *charte de comportement* et participerait aux réunions de la *commission* chargée de la prévention des *conduites à risques* dans l'établissement.

Les *dispositifs intégrés* dûment *pilotés*, les *partenariats contractualisés* par le *lieu-ressources* pour insuffler aux jeunes de cette *REP* un peu d'esprit *citoyen* avaient une fois de plus prouvé leur efficacité.

Introduction

À l'automne de 1999, nous avons publié des copies du baccalauréat du mois de juin précédent. Elles montraient chez la plupart des candidats, entre autres carences, de graves déficiences dans la maîtrise de la langue.

L'équité nous fait obligation aujourd'hui de rendre la copie de l'institution scolaire. Elle n'est pas moins consternante.

Un extravagant jargon envahit, en effet, les circulaires administratives, pollue les instructions officielles et prolifère dans les textes d'innombrables experts en pédagogie et de technocrates de tout poil.

Le hors-d'œuvre constitué de collages, que nous nous sommes amusés à rédiger et que le lecteur a pu lire en ouverture de ce livre, n'en donne qu'une petite idée.

Un « volapük Éd. nat. », comme l'a déclaré un ministre [1] ? Ce serait un moindre mal. Car quelle profession peut se vanter de n'avoir jamais cédé à la tentation jargonnante ?

Si tel était le cas, on pourrait en sourire et même en rire sans vergogne. Et d'ailleurs on aurait tort de s'en priver.

On s'esclaffe devant des euphémismes comme *conduites à risques* pour « alcoolisme et usage de stupéfiants », des tautologies cocasses comme *professionnaliser le métier* d'enseignant. Et il y a vraiment de quoi se taper sur les cuisses en entendant parler de *référentiel bondissant* (le ballon), de *mobilité en milieu aquatique* (la natation) ou de *géniteur d'apprenant* (le parent d'élève), périphrases dont de modernes cuistres se gargarisent.

Cependant, si grotesque qu'il soit, ce galimatias, qui emprunte volontiers aux vocabulaires de l'informatique *(réseau, interface)*, de l'entreprise (*audit, compétences, efficience, management*), des statistiques *(item)*, ou encore de la psychosociologie (*conflits cognitifs*), du sponsoring (*partenariat*), du scoutisme (*guide des apprentissages*) et même à Monsieur Trigano (*organisateur des apprentissages*), s'est bel et bien imposé, à tous les niveaux, dans l'Éducation nationale.

Bouleversant repères et pratiques, engendrant un bricolage pédagogique hasardeux, il a fini par compromettre, à tous les

---

1. Claude Allègre, *France-Soir*, 23 novembre 1999.

étages de l'édifice scolaire, la transmission des connaissances et par entraîner une dévaluation massive de la qualité des études.

Plus personne n'ose nier d'ailleurs que s'est produit ces quatre ou cinq dernières années, non le redressement annoncé par les idéologues de l'efficience et les néo-pédagogues bien en cour, mais ce qu'un ministre [1] a appelé pudiquement « un affaissement sur les fondamentaux ». Pour ne rien dire de la multiplication des *incivilités*, en bon français, de la violence, signe le plus patent de la dégradation de l'enseignement.

Faut-il s'en étonner ?

En effet, sauf à considérer que les mots n'ont aucune importance, on ne transforme pas impunément l'*élève* en *apprenant, acteur-auteur de sa formation*, ni l'*instituteur* en *professeur des écoles*, et le *professeur* en *médiateur des apprentissages* ou en *accompagnateur*. Pas plus que l'on ne décrète sans conséquence que la *classe* doit éclater en *groupes de besoins*, que le *savoir* doit devenir le plus petit dénominateur commun entre *savoir-faire* et *savoir-être*, que la *leçon*, soudain périmée, doit être remplacée par une *autodidaxie* nouvellement proclamée, cette dernière fût-elle confiée aux ressources réputées miraculeuses des *technologies de l'information et de la communication (TIC)*. Et comment ne pas voir que la *remédiation*, sous prétexte d'aider les élèves,

1. *Ibid.*

institutionnalise le retard scolaire, que l'*individualisation* est contraire au principe même de l'instruction publique et à son efficacité ? Ou encore que l'*égalité des chances* est la ruine de *l'égalité des droits* ?

Mots prescrits contre mots proscrits ou discrédités. L'école est devenue le théâtre d'un combat feutré mais sans merci dont les enfants sont les premiers à faire les frais. Son enjeu : le contrôle des conduites enseignantes et du système éducatif. Son premier résultat : une déroute scolaire éclatante.

Il est plus que temps de faire sortir cette sourde querelle de mots des murs capitonnés de l'institution afin que le public puisse en saisir les tenants et les aboutissants.

Le lecteur trouvera dans ces pages un glossaire commenté des errances lexicographiques actuelles. Il ne prétend pas plus à l'objectivité qu'à l'exhaustivité. Nous ne nous sommes pas privés d'afficher nos partis pris, tant dans le choix des citations introductives que dans le corps de chaque article. Chaque mot retenu est suivi de quatre médailles à une médaille 🎖, selon qu'il est actuellement recommandé, communément admis, dévalorisé ou proscrit par les oukases de nos réformateurs. Les textes en italique illustrent l'usage qui en est fait.

Ce livre est le fruit de nos échanges avec les centaines d'instituteurs, de professeurs, d'étudiants des IUFM, de parents et d'élèves qui nous ont fait part de leurs réactions et de leurs observations après la parution de notre ouvrage *L'Horreur pédagogique*.

Nous tenons à leur exprimer ici toute notre gratitude.

GUY MOREL et DANIEL TUAL-LOIZEAU.

Acteur

« L'acteur est las, et vous tristes. »
(Denis Diderot)

Substantif employé au sens figuré s'appliquant à l'élève, comme à tout individu considéré du point de vue de son rôle dans la société.

Un courant des sciences sociales a décidé, dans les années 1980, que *l'individu dispose d'une relative autonomie d'action et de pensée. Il n'est pas un agent totalement prisonnier des structures sociales… qui guideraient en sous-main sa destinée. L'acteur possède des compétences, une réflexivité (capacité à analyser une situation) et des marges d'action* [1].

On parlera donc, désormais, du *comportement des acteurs*

1. *Sciences humaines*, n° 100, décembre 1999.

de la formation[1] ou encore *des acteurs de la coopération internationale*[2] en matière d'éducation.

Fi donc du poids des déterminations sociales : on ne subit plus, on agit, comme on peut, chacun à sa place, l'essentiel étant de participer à la comédie. Tous acteurs, tous en scène !

Les « acteurs » de la filière bovine, le fermier du Poitou comme le directeur de la coopérative laitière de Basse-Normandie et le fournisseur de farines animales, mais aussi le PDG de Totalfina et l'ostréiculteur breton, l'entrepreneur comme le simple salarié, *acteur de son développement personnel*[3], l'inspecteur d'académie, comme le parent d'élève, le professeur, et bien sûr… l'élève.

Les élèves… sont les acteurs de leur formation…

L'élève devient responsable et acteur de sa propre prévention[4].

Faire de l'évaluation l'outil pédagogique d'une véritable formation individualisée qui doit rendre chaque élève acteur de sa propre orientation[5].

Pauvre élève… Sait-il seulement que, depuis la loi d'orientation de 1989, en plus d'être « acteur », il doit être

1. Christian Vulliez, *XXIe Siècle*, mars-avril 2000.
2. Claude Allègre et Hubert Védrine, *XXIe Siècle*, mars-avril 2000.
3. Présentation des *Cahiers de Deauville*, 1998, site web du Medef.
4. *Bulletin officiel*, hors-série n° 9, 4 octobre 1999.
5. Rapport 1998 de l'Inspection générale de l'Éducation nationale (IGEN), La Documentation française.

« auteur », de son projet, de son orientation ? En d'autres termes, écrire son rôle et le jouer ?

Mots ou expressions associés : auteur, autonomie, individualisation, partenariat, projet.

ALLER DE SOI (NE PLUS...) 8 8 8

« La nostalgie n'est plus ce qu'elle était. »
(Simone Signoret)

Locution verbale employée toujours à la forme négative. Peut être une exhortation à l'effort ou l'expression d'une résignation, tout dépend de l'intonation.

À l'école, rien ne va plus... de soi [1]. À prononcer de manière volontariste, comme pour inviter à retrousser ses manches.

La maîtrise de la « grande dissertation » ne va plus de soi [2]. À déclarer, cette fois, sur un ton désolé, en levant les yeux au ciel. Puis se faire une raison.

À propos, peut-on nous préciser à quelle époque tout allait de soi ?

Mots ou expressions associés : mutation, professionnaliser le métier, réforme, XXIe siècle.

1. Ségolène Royal, *XXIe Siècle*, avril 1999.
2. Luc Ferry, président du Conseil national des programmes, *Marianne*, 31 mai-6 juin 1999.

Apprenant 8 8 8 8

« Je demeurai longtemps errant dans Césarée. »
(Racine)

Forme gérondive utilisée comme substantif, de préférence à « élève ».

En fait, les apprenants ne peuvent plus se satisfaire d'avoir appris quelque chose à l'école ; il doivent forcément avoir appris à apprendre quelque chose parce que les connaissances sont en mouvance[1].

Le terme est curieux puisqu'il transforme une action – apprendre – en état. On ne dit pas de celui qui marche qu'il est un « marchant », ou de celui qui achète qu'il est un « achetant ». Que ces dernières formes soient inusitées au profit de « marcheur » ou d'« acheteur » devrait inciter à plus de prudence dans l'emploi du mot « apprenant », au demeurant bien lourd. Le marcheur marche et l'acheteur achète ; leurs actes sont menés à bien, tandis que l'apprenant semble plongé dans les affres d'un processus d'apprentissage sans fin.

Être apprenant, c'est en quelque sorte se figer indéfiniment dans une posture d'apprentissage. Un peu comme celui qui erre finit, à trop errer, par devenir un errant.

Le mot a fait des petits.

---

1. Jacques Tardiff, professeur à la faculté d'éducation de l'université de Sherbrooke, *Cahiers millénaires*, n° 18, janvier 2000.

Apprenance : *un sujet social responsable, lui-même entré en apprenance, c'est-à-dire en état de projet et en capacité d'apprendre*[1].

Apprenante : *les établissements d'enseignement ont la capacité de devenir ce qu'on appelle aujourd'hui organisations réflexives ou apprenantes*[2].

Mots ou expressions associés : centration, conflit cognitif, situation-problème, tout au long de la vie.

APPRENDRE 8

> « Ah, mon père et ma mère, que je vous veux de mal de ne pas m'avoir appris tout cela ! »
> (Molière)

La forme transitive de ce verbe tend à devenir obsolète (apprendre ses leçons ; mémoriser des connaissances, des faits). Comme intransitif absolu, il est soit dévalorisé soit recommandé, selon le contexte.

À l'école, ne vaut-il pas mieux *créer des occasions ou des situations d'apprentissage plutôt que de s'évertuer, dans une partie de bras de fer permanente et vaine, à obliger les élèves à apprendre*[3] ?

Dans la perspective d'un apprentissage « tout au long de la

1. Philippe Carré, *Sciences humaines*, hors-série n° 24, mars-avril 1999.
2. Yves Dutercq, *US Magazine*, octobre 1999.
3. Philippe Meirieu, *L'École ou la Guerre civile*, Plon, 1997.

vie » (voir cette expression), on estime au contraire que *l'éducation vise à apprendre, non à recevoir un enseignement*[1].

Ce flottement s'explique : dans le premier exemple apprendre signifie s'efforcer d'assimiler le contenu d'un enseignement, des connaissances, tandis que dans le second c'est être éduqué à se mettre en posture d'apprenant, à « apprendre à apprendre » (voir cette expression).

Mots ou expressions associés : apprenant, apprendre à apprendre, connaissances, encyclopédisme, factuel, mémorisation, restitution.

APPRENDRE À APPRENDRE 8 8

> « Il s'émerveillait de voir que les chats avaient la peau percée de deux trous, précisément à la place des yeux. »
> (Georg Christoph Lichtenberg)

Étrange formule qui se mord la queue pour peu qu'on la prenne au pied de la lettre. Car comment pourrait-on apprendre quoi que ce soit sans du même coup apprendre à l'apprendre ? Après avoir connu un franc succès au cours des dernières décennies, cette tautologie, ou redite, a fini par s'user. On a très récemment trouvé mieux.

Dorénavant, d'après un professeur émérite en sciences de

---

1. « Vers une société qui apprend », rapport de la Table ronde des industriels européens (ERT), février 1995.

l'éducation, *le problème pédagogique s'énonce... comme suit : comment mettre à la disposition de l'apprenant les moyens... pour l'aider à s'auto-aider*[1].

Mots ou expressions associés : apprenant, auto-, méthodes, tout au long de la vie.

APPRENTISSAGE(S) 8 8 8 8

« Quand j'étais chez mon père
Apprenti pastouriau
Il m'a mis dans la lande
À garder les troupiaux. »
(Anonyme, XVIe siècle)

Substantif utilisé comme complément de nom dans les expressions suivantes : « situations d'apprentissage », « démarches d'apprentissage », « objectifs d'apprentissage », « organisateur » ou « médiateur des apprentissages ».

Dans ces emplois, le sens du mot pose problème. Il ne peut s'agir de l'apprentissage d'une matière, d'un savoir, car alors le mot viendrait en tête de locution, comme dans « apprentissage de la lecture ».

Pas de confusion possible non plus avec l'apprentissage d'un métier manuel par un arpète puisque l'on dit dans ce cas « l'apprentissage » tout court.

---

1. Monique Linard, professeur émérite en sciences de l'éducation à Paris X Nanterre, *Cahiers pédagogiques*, n° 362, mars 1998.

L'apprentissage dont il est question dans les expressions précitées consiste à mettre l'élève en position d'« apprenant », en « apprenance ».

Mise en place de situations d'apprentissage suffisamment préparées en tant que rencontres apprenant/savoir[1].

Le formateur guide l'élève dans ses démarches d'apprentissage et l'aide à développer ses propres stratégies mentales[2]...

On ne peut voir dans cet usage qu'un emprunt à l'éthologie. Cette science, qui étudie le comportement des espèces animales dans leur milieu naturel, définit les apprentissages comme un « ensemble de méthodes permettant d'établir chez les êtres vivants des connexions entre certains stimuli et certaines réponses » (*Le Petit Larousse*, éd. 1995).

Il n'est pas sûr que les petits d'hommes tirent de cette forme d'apprentissage un aussi grand bénéfice que les bébés rats, ni même un quelconque bénéfice, en dépit de ce que semblent penser les pédagogues cognitivistes (voir *Cognitif*).

Mots ou expressions associés : cognitivisme, guide, médiateur, organisateur, situation-problème.

---

1. Annie Cardinet, *Cahiers pédagogiques*, n° 362, mars 1998.
2. Martine Fournier, *Sciences humaines*, n° 98, octobre 1999.

AUDIT 8 8 8 8

> « Je vous ai réunis, messieurs, afin de vous communiquer une nouvelle assez fâcheuse : il nous arrive un revizor. »
>
> (Nicolas Gogol)

De l'anglais *audit* (1435) : examen et vérification des comptes. D'après le *Dictionnaire des anglicismes* (Les Usuels du Robert), le mot a été introduit dans la langue française au début des années 1970, en même temps que le vocabulaire américain usité par les gestionnaires d'entreprise.

Trente ans plus tard, *des audits réguliers sont l'instrument capable de répondre (au) besoin d'expertise, d'animation et d'évaluation, de l'action pédagogique et éducative* [1].

Qu'on se rassure, il n'est pas question d'introduire les pratiques managériales à l'école : *La philosophie de l'audit... repose sur la valorisation du capital humain* [2].

Quoi qu'il en soit, la systématisation annoncée des audits comme instruments de « pilotage » (voir ce mot) des « projets pédagogiques » des rectorats, des académies, des collèges et des lycées promet l'arrivée à tous les niveaux du système de bataillons d'« auditeurs » : inspecteurs, personnalités extérieures, formateurs et formateurs de formateurs, spécialistes ayant appris à « auditer » dans les Instituts universitaires de formation des maîtres (IUFM), etc. Et le

1. Supplément au *Bulletin officiel* n° 23, 10 juin 1999.
2. Patrick Roumaniak, secrétaire général du Syndicat des inspecteurs de l'Éducation nationale, *Le Monde de l'éducation*, mars 2000.

développement des inévitables querelles d'experts qui sont la loi du genre.

Le fonctionnement de l'école a certainement tout à y gagner. Davantage, à coup sûr, qu'au recrutement des enseignants, des surveillants, et des infirmières qui font défaut dans les établissements.

Mots ou expressions associés : coût-effacité, efficience, évaluation, experts, management, ressources humaines, valeur ajoutée.

AUTEUR 8 8 8

« La pièce était-elle ou non drôle ?
Moi, si j'y tenais mal mon rôle,
C'était de n'y comprendre rien. »
(Aragon)

Substantif associé à « acteur » dans la locution « auteur-acteur ». La loi d'orientation sur l'éducation de 1989 définit l'élève comme « auteur-acteur » de son parcours scolaire.

À l'origine de cette expression pirandellienne, l'idée que seule la conception d'un « projet personnel » peut garantir la motivation de son auteur pour les études.

Un élève auteur-acteur de son projet met en œuvre des stratégies pour réaliser des objectifs au service d'une intention [1].

1. Brochure du Service académique d'information et d'orientation, académie de Nantes, 1995.

Comment s'assurer que l'élève développe des intentions – autres que celle d'apprendre – et qu'il forme bien un « projet » (voir ce mot) – sinon celui d'être un bon élève ? On y parvient par des entretiens, dès la fin de l'école primaire, avec divers conseillers en « projets », auxquels se prête régulièrement l'auteur-acteur jusqu'à ce qu'il parvienne à accoucher de son scénario, c'est-à-dire à choisir son itinéraire dans le dédale des options en fonction de sa future situation professionnelle.

Reste alors à faire en sorte que l'acteur ne renonce pas à être actif dans les matières peu utiles à la réalisation de son projet. Ou encore, qu'il accepte de revoir ses ambitions à la baisse si le rôle, qu'il a été sommé de choisir, est trop difficile à jouer pour lui.

Le rapport 1999 de l'Inspection générale de l'Éducation nationale constate que nombre d'auteurs-acteurs se plaignent, au bout du compte, d'avoir « subi » leur orientation. De cet échec, il tire la conclusion qu'il faut perfectionner la démarche de projet. D'autres pourront penser peut-être que, au lieu de dépenser de l'énergie pour faire marcher ce qui fonctionne mal, il serait plus simple d'expliquer aux élèves que les résultats scolaires sont déterminants pour leur avenir, quel qu'il soit, et les inciter ainsi à s'instruire.

Mots ou expressions associés : acteur, centration, contrat, élève au centre, projet.

Auto- 8 8 8 8

« *Just do it !* »

(Slogan publicitaire)

Préfixe clé de la pédagogie nouvelle.

On le trouve partout : depuis que les établissements sont autonomes, l'élève est, lui aussi, prié de développer son autonomie. Il doit apprendre à s'auto-enseigner, à s'auto-documenter, à s'auto-former, à s'auto-orienter, à s'auto-piloter et même, comme on l'a vu, à s'auto-aider.

En termes savants : il *peut et doit être placé très tôt en situation d'autodidaxie*[1].

Le maître, quant à lui, change de statut : *de transmetteur de connaissances, [il] devient médiateur, recours en cas de difficulté, guide de l'élève vers les sources de la connaissance*[2].

S'agit-il d'apprendre progressivement à l'enfant à travailler seul, afin qu'il puisse, le moment venu, voler de ses propres ailes ? On s'en réjouirait.

Mais ne faut-il pas plutôt voir dans cette obsession de l'autonomie le souci d'initier précocement à « l'adaptabilité », de préparer aux incertitudes de l'économie de marché qui seront le lot de tous dans la « société cognitive » du XXIe siècle dont le *Livre blanc sur l'éducation* de la Commission européenne, publié en 1995, prophétise l'avènement ?

---

1. André Lafond, inspecteur général honoraire, *Cahiers pédagogiques*, n° 362, mars 1998.
2. *Ibid.*

Les offreurs d'emploi recherchent de plus en plus des individus responsables, autonomes, créateurs et adaptables, et s'intéressent par conséquent à des comportements qui ne sont pas liés au nombre d'années d'études [1].

En raison de quoi : *Le système éducatif devra s'interroger sur sa capacité à développer l'adaptabilité, lui qui est habitué à former à des savoirs. À quel prix et jusqu'où* [2] ?

La question mérite d'être posée.

Mots ou expressions associés : ressources, société cognitive, technologies de l'information et de la communication (TIC), tout au long de la vie, XXIe siècle.

AUTREMENT 8 8 8

> « C'était là avant moi, avant tout, ça resterait là où c'était après que moi j'ai cru que c'était autrement. » (Marguerite Duras)

Adverbe essentiellement utilisé dans deux emplois.

1. L'expression « enseigner autrement » :

Il s'agit non plus de proposer systématiquement à l'élève en difficulté des heures supplémentaires dans telle ou telle discipline où il échoue, mais d'enseigner autrement. On peut par exemple envisager d'atteindre un des objectifs

---

1. Jacques Lesourne, *Éducation et Société, les défis de l'an 2000*, La Découverte-Le Monde de l'éducation, 1988.

2. Brochure du Service académique d'information et d'orientation, académie de Nantes, 1995.

fondamentaux de la classe de sixième, la maîtrise de la langue, à l'occasion d'une heure d'enseignement artistique, d'éducation physique et sportive, ou de mathématiques[1].

« Enseigner autrement » ne signifie donc pas, comme on pouvait un instant l'espérer, enseigner différemment, mais enseigner dans un « ailleurs » aussi inadapté qu'illusoire : la langue française, ailleurs qu'en cours de français, le calcul, ailleurs qu'en cours de mathématiques, la musique, en sciences naturelles, et le saut en hauteur, en solfège.

Histoire, sans doute, de permettre à l'élève d'échouer « autrement ». Tout en économisant des heures d'enseignement.

Mots ou expressions associés : hétérogénéité, nouveaux publics, transversalité.

2. La locution « l'autrement-dit », périphrase qui interprète la violence comme une demande positive de communication.

Un autre s'exprimera violemment car... il ne comprend plus rien... Cette rupture pose la question grave de l'hétérogénéité, de la pédagogie et de l'autrement-dit[2].

Cette violence positive serait alors, pour certains élèves, le

1. Marion Damas, chef du Bureau des collèges au ministère de l'Éducation nationale et de la Recherche, *Cahiers français*, n° 285, mars-avril 1998.

2. Jean-Charles Cayla, inspecteur d'académie, *Cahiers français*, n° 285, mars-avril 1998.

L'autrement-dit

seul moyen d'expression disponible et l'unique possibilité de communiquer[1].

Mots ou expressions associés : communication, conduites à risques, violence.

B

BACCALAURÉAT

« Elle a passé son baba
Elle a passé son chot chot
Elle a passé son bachot
Y'a a pas de bobo. »
(Paul Burani)

Étymologiquement, « bacca laurea », c'est la couronne de laurier avec ses baies qui ceignait, dans l'Antiquité, le front du conquérant victorieux.

Souvent abrégé en « bac », le baccalauréat est l'examen qui donne accès aux études supérieures.

À sa création, par un décret impérial daté du 17 mars 1808,

1. Rapport 1998 de l'IGEN.

il exigeait des candidats qu'ils puissent « répondre sur tout ce qu'on enseigne dans les hautes classes des lycées ».

Tout ce qu'on enseigne ? Plutôt ardu…

Les difficultés ont depuis été bien aplanies. Certes, pour avoir son bac, il faut encore le passer. Mais, aujourd'hui, 70 % des candidats décrochent leur diplôme à la première tentative, et pour les 30 % de recalés, il suffit de repasser l'examen l'année suivante en comptant sur le même « taux garanti » de réussite.

Néanmoins, le baccalauréat reste un *examen brutal [car] un élève qui a bien travaillé toute l'année et qui a une rage de dents le jour du bac est très pénalisé*[1]. Un toilettage est donc annoncé pour l'année 2002. Le bac va être enfin amendé, *mais doucement, en introduisant une partie de contrôle continu*[2]. On l'obtiendra d'autant plus facilement.

À l'aube du troisième millénaire, les reçus – tous les candidats –, la tête « couronnée de laurier », se bousculeront sous les arcs de triomphe.

Pourvu qu'ils ne refluent pas en désordre, un peu plus tard, sous les mêmes arcs, après s'être cassé les dents sur la première année de faculté, comme le font 30 à 40 % des bacheliers aujourd'hui.

Par bonheur, il existe un moyen pour améliorer les

1. Claude Allègre, *France-Soir*, 23 novembre 1999.
2. *Ibid.*

statistiques également dans ce domaine. À l'instar de ce que l'on a déjà fait en sixième pour les élèves qui ne savent pas lire, on pourrait transformer la première année de faculté en cycle de « consolidation » (voir ce mot).

Mots ou expressions associés : bachotage, contrôle, évaluation.

BACHOTAGE 8 8 8 8

« J'appris comme un perroquet les douze cas de *rosa la rose*. »

(Marcel Pagnol)

Jadis, travail scolaire effectué pour maîtriser les connaissances nécessaires à l'obtention du titre de bachelier.

Devenu péjoratif, le mot désigne aujourd'hui une « ingurgitation » (voir *Restitution*) purement mécanique et donc dénuée de réel intérêt.

Avec le baccalauréat, il y a une sorte de perversion de l'activité des élèves et du métier d'enseignant, que le mot « bachotage » symbolise parfaitement[1].

En conséquence, plutôt que de trouver normal que les candidats cherchent à faire preuve d'un minimum d'érudition dans les matières au programme et d'admettre qu'apprendre c'est toujours comprendre un peu, il est devenu

1. Gérard Chauveau, chercheur à l'Institut national de la recherche pédagogique, *Le Monde de l'éducation*, septembre 1999.

de bon ton d'accuser le bac d'entraîner une *bureaucratisation des savoirs* [1], et de stigmatiser, pêle-mêle, les potaches qui se livrent au bachotage, les parents et les professeurs qui les y encouragent, les éditeurs du secteur parascolaire qui en profitent pour vendre leurs guides et leurs corrigés.

Pour éradiquer le bachotage, le plus simple serait d'en finir avec ce « totem et ce tabou », *dixit* un ministre [2], qu'est le baccalauréat. Ou bien de le donner à tout le monde, ce qui reviendrait au même.

Mots ou expressions associés : régurgitation, pédagogie bancaire.

Bassin 8 8 8 8

> « C'était un petit jardin…
> Qui sentait bon le Bassin parisien. »
> (Jacques Lanzmann)

Substantif emprunté à la géologie ou à l'hydrographie : bassin sédimentaire, bassin minier, bassin versant d'une rivière ou d'un fleuve.

S'emploie dans les expressions « bassin de formation » et « bassin de formation-emploi », comme équivalent de « zone géographique ».

Il y a *nécessité pour chaque lycée de disposer d'une plus*

1. *Ibid.*
2. Claude Allègre, *France-Soir*, 23 novembre 1999.

grande autonomie, de se définir... un projet éducatif. Pourquoi ? Parce qu'il lui faudra trouver sa place spécifique dans une zone géographique suffisamment vaste pour permettre une stratégie régionale de formation. Antoine Prost a proposé la formule, judicieuse, des bassins de formation, à l'intérieur desquels des flux pourraient s'établir [1].

Judicieuse ou pas, la définition d'Antoine Prost est l'occasion pour le rédacteur de ces propos de confirmer incidemment – ce que d'aucuns soupçonnaient – que l'« autonomie » et le « projet éducatif » des établissements, présentés comme des pièces essentielles de la rénovation du système éducatif, procèdent tout bonnement de la volonté de gérer les « flux ».

De fait, le « bassin de formation » tend à devenir un cadre administratif de gestion des personnels et de mutualisation des moyens. En jargon technocratique, un instrument pour « optimiser l'utilisation des ressources ». C'est-à-dire, pour adapter à moindre coût l'offre de formation à la demande du marché local.

Mots ou expressions associés : coût-efficacité, déconcentration, management, mutualiser, pilotage, réseau, ressources.

1. Jean-Michel Croissandeau, rédacteur en chef du *Monde de l'éducation*, dans *Le Guide du lycée*, Le Seuil, 1986.

Besoins 8 8 8 8

« Allo maman, bobo… »
(Alain Souchon)

La doctrine officielle appelle « besoins » les déficits socioculturels et les retards scolaires auxquels il convient d'apporter une « remédiation » par une pédagogie « compensatoire » ou « réparatrice ».

La réponse aux « besoins » est le fondement de l'« individualisation » (voir ce mot) ou de la « différenciation » de l'enseignement.

Faciliter la mise en œuvre des modules et de l'aide individualisée afin de répondre au mieux aux besoins des élèves dans leur diversité[1].

Autant que son pendant « diversité » (les élèves ne sont-ils pas depuis toujours « divers » ?), le mot « besoins » est profondément ambigu.

Désigne-t-il les lacunes accumulées au fil d'une scolarité chaotique qui font que certains élèves entrent en sixième sans savoir lire ni écrire couramment, ou en seconde sans maîtriser leurs conjugaisons ? Dans ce cas, la réponse aux « besoins diversifiés » ne serait qu'un expédient, un ensemble de mesures transitoires prises en attendant que soient corrigés

1. *Évaluation à l'entrée en seconde*, document à l'attention du professeur, septembre 1999.

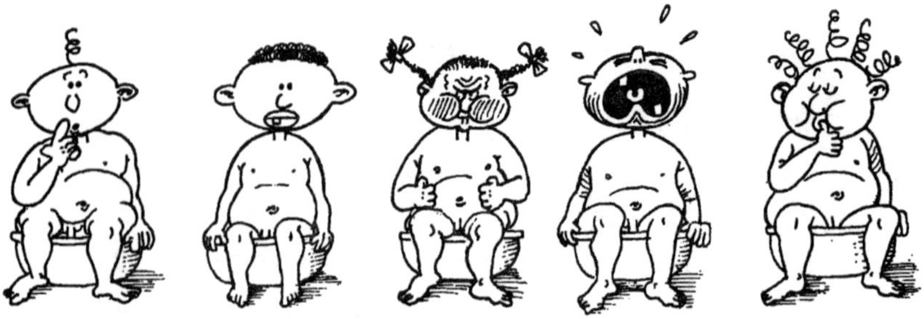

Groupe de besoins

les dysfonctionnements de l'enseignement responsables de telles aberrations.

Ce n'est pourtant pas ainsi que semblent l'entendre les tenants de la pédagogie remédiatrice. Pour eux, il s'agit d'un véritable système qui permet de *rendre l'enfant plus conscient, au lieu de le décourager ou le révolter par des apprentissages qui ressortissent plus au contrôle social qu'à une volonté réelle d'aller au bout du potentiel que chacun porte en lui*[1].

Ainsi, faire pratiquer aux enfants, et en particulier aux enfants d'origine modeste, des exercices scolaires, leur imposer des apprentissages rigoureux, reviendrait à les « contrôler socialement », au risque d'étouffer leur « potentiel ». Au contraire, il convient de « répondre aux besoins des élèves dans leur diversité », et de renoncer à toute exigence pour assurer le libre développement du « potentiel » de tout

1. Bruno Mattei, professeur à l'IUFM de Lille, *Le Monde*, 23 mars 1999.

un chacun, héritier de la culture ou enfant de milieu défavorisé.

L'application de cette stupéfiante pédagogie des « besoins » s'est traduite pourtant, non par l'explosion des « potentiels », mais par un abaissement du niveau des études. Les heures de « remédiation » (voir ce mot), en « modules » ou en groupes d'« aide individualisée », organisées en seconde, ont en effet réduit d'autant les horaires d'enseignement en classe entière dans des disciplines essentielles comme le français ou les mathématiques. Impuissantes, de l'aveu général, à faire rattraper leur retard scolaire aux élèves en difficulté, elles ont conduit à un appauvrissement des contenus et à une baisse des exigences pour tous.

Mots ou expressions associés : culture commune, groupes de besoins, hétérogénéité, individualisation, modules, pédagogie compensatoire, remédiation, soutien.

BON ÉLÈVE 8

> « Un enfant normal, sain, aimant à jouer. Bon élève, par ailleurs. »
> (Pierre Véry)

Expression vieillie, synonyme de « méritant ». Était qualifié de « bon élève » celui qui obtenait de bons résultats, le « mérite scolaire » ainsi reconnu permettant d'instituer une hiérarchie différente de la hiérarchie sociale.

Critiquée par les professionnels de la pédagogie qui la jugent dépassée, cette valeur continue malgré tout à être prise en considération par les professeurs, en règle générale issus de l'élite scolaire et attachés à la notion de mérite.

Ce que d'aucuns semblent déplorer : *[Les professeurs] sont pour la plupart d'anciens bons élèves qui ont bénéficié d'un système qui valorisait leurs qualités propres, leur bonne mémoire, leur goût pour l'abstraction, leur facilité à écrire* [1]...

Ce que d'autres considèrent même comme un obstacle à la marche des réformes : *Les professeurs de lycée étaient... dans une logique du bon élève, il leur a fallu du temps pour s'adapter* [2].

Est-ce à dire qu'il serait souhaitable, *a contrario*, que les professeurs soient d'anciens mauvais élèves, dénués de qualités, dépourvus de mémoire, ayant peu de dispositions pour l'abstraction et sachant à peine écrire ?

On en déduira ce que l'on veut sur la logique d'adaptation qui conduit à abandonner la logique du bon élève.

Mots ou expressions associés : classement, élitisme républicain, mérite.

1. Marie-Danielle Pierrelée, *Pourquoi vos enfants s'ennuient en classe ?*, Syros, 1999.
2. Claude Allègre, *France-Soir*, 23 novembre 1999.

Cartable 8 8 8

« Mon cartable, en tirant mes épaules en arrière, me faisait une poitrine avantageuse. »
(Marcel Pagnol)

Désigne le bagage dans lequel l'élève transporte chaque jour ses cahiers et ses livres.

Jadis en cuir ou en carton bouilli, muni d'une poignée et souvent de bretelles, le cartable est de plus en plus souvent remplacé par une sacoche souple, en matière synthétique, du genre fourre-tout. Le mot persiste néanmoins.

Il est en effet au centre d'un débat récurrent. On le pèse deux fois à chaque rentrée : en francs et en kilos. Dans les deux cas, son poids est jugé excessif. Il vide le porte-monnaie des parents et menace de scoliose des gamins en pleine croissance. Ces deux maux sont ordinairement mis sur le compte de la lourdeur des programmes et de l'épaisseur des manuels qui en découle.

Des solutions sont en vue.

Comme on va subventionner l'achat des livres, on va limiter le prix des livres, et je pense qu'automatiquement les éditeurs vont réduire le nombre de pages[1], déclare un ministre.

Plus moderniste, André Giordan, directeur du Laboratoire de didactique et épistémologie des sciences de l'université de Genève, suggère quant à lui de remplacer cette besace incommode par un *« netable », sorte de cartable électronique*[2].

Mots ou expressions associés : encyclopédisme, manuels scolaires, programmes.

CENTRATION 8 8 8 8

> « Un rien à l'égard de l'infini, un tout à l'égard du néant, un milieu entre rien et tout. »
> (Blaise Pascal)

Néologisme employé dans l'expression « centration sur l'apprenant », inspirée par la formule célèbre de la loi d'orientation sur l'éducation de juillet 1989 : mettre « l'élève au centre du système éducatif ».

Une *centration sur l'apprenant permet de mieux prendre en compte l'hétérogénéité des élèves, leurs styles cognitifs, leurs représentations propres*[3].

Attention toutefois, placer l'élève « au centre de la centra-

---

1. Claude Allègre, *France-Soir*, 23 novembre 1999.
2. *Cahiers millénaires*, n° 18, janvier 2000.
3. Martine Fournier, *Sciences humaines*, n° 100, décembre 1999.

tion » n'est pas seulement rappeler l'attention légitime que celui-ci est en droit d'attendre de ses maîtres : *une « pédagogie centrée sur l'apprenant » ne doit, en aucun cas, réduire sa centration à une simple écoute bienveillante* [1].

Il s'agit bien d'une véritable révolution pédagogique : *En mettant l'enfant « au centre du système éducatif », la loi d'orientation de 1989 institutionnalise des tendances qui font depuis déjà un siècle, avec le courant de l'école nouvelle, l'objet de multiples recherches et publications* [2].

Ainsi, la centration sur l'apprenant, par un curieux retournement, est en réalité la « mise au centre », ou l'intronisation, comme on voudra, des néo-pédagogues, devenus depuis dix ans les idéologues officiels de la réforme. Avec le résultat que chacun peut constater.

Mots ou expressions associés : aide individualisée, besoins, élève au centre, hétérogénéité, projet personnalisé, remédiation.

CHAMP 8 8 8 8

« Remuez votre champ dès qu'on aura fait l'oût.
Creusez, fouillez, bêchez… »
(Jean de la Fontaine)

Substantif employé couramment à la place de « domaine »

1. Philippe Meirieu, *Cahiers millénaires*, n° 18, janvier 2000.
2. Martine Fournier, *Sciences humaines*, n° 100, décembre 1999.

ou de « spécialité », mais qui fait incontestablement plus savant. Exemple : *mettre en évidence la cohérence entre tous les champs disciplinaires*[1].

On le trouve également dans les expressions suivantes : champ des apprentissages, champ du savoir, champ de l'éducation, champ de l'orientation, de la pédagogie, etc.

Le mot est souvent associé avec le participe présent « émergeant » et le substantif « outils » dans une amusante métaphore, au croisement de l'agriculture, de la mécanique et de la marine à voile, qui fait de l'enseignant, posté au bord du champ, une vigie de l'imprévisible, un mécanicien de l'imprévu ou encore un épouvantail.

Les actions proposées dans ce cahier visent à explorer et à développer les outils théoriques et pratiques nécessaires à l'appréhension de phénomènes émergeant dans le champ de l'enseignement et de l'éducation[2].

Mots ou expressions associés : émergence, transversalité.

Chance 8 8 8 8

> « On prétend qu'il ne faut pas tenter deux fois de suite la chance à la même table… »
> (Fiodor M. Dostoïevski)

---

1. Ségolène Royal, *La Mutation des collèges*, document du ministère de l'Éducation nationale, de la Recherche et de la Technologie, 25 mai 1999.
2. Plan de formation des formateurs 1999-2000, document de l'IUFM des Pays de Loire.

Du latin *cadere*, tomber. Dans l'usage courant, ce substantif prend, selon les emplois, tantôt le sens de sort favorable (avoir de la chance), de probabilité de réussite (avoir des chances de) tantôt celui de hasard, heureux ou malheureux, c'est-à-dire d'aléa (tenter sa chance).

Pour ce qui touche à l'école, le mot se rencontre dans l'expression déjà ancienne « égalité des chances », formule contradictoire, la notion de chance, toujours liée à l'arbitraire du sort, excluant par définition toute idée d'égalité.

D'autres occurrences du mot chance, plus récemment apparues dans la prose officielle, sont aussi problématiques.

On souhaite *que la démocratisation quantitative de la fréquentation du collège se prolonge par une démocratisation qualitative des voies et des chances de réussite* [1].

Ou l'on déplore que *trop d'élèves abordent la sixième sans avoir réellement appris à lire et à écrire, trop de ceux-là quittent... le système scolaire sans avoir eu une deuxième chance d'entrer dans l'écrit* [2].

Affirmer vouloir « démocratiser » les « chances de réussite » relève, semble-t-il, de la même prouesse linguistique et intellectuelle que celle qui consiste à vouloir les égaliser. Quant à l'expression « deuxième chance », elle rappelle trop le slogan célèbre de La Française des jeux (« Une chance au

1. Ségolène Royal, *La Mutation des collèges*, *op. cit.*
2. Ségolène Royal aux États généraux de la lecture, *Le Figaro*, 4 mai 1999.

grattage, une chance au tirage ») pour ne pas risquer de donner à penser que l'école serait une loterie. Ce que tendrait d'ailleurs à confirmer le fait que tant d'élèves la quittent sans avoir eu la chance d'être « entrés dans l'écrit ».

L'utilisation du mot chance(s) pour parler des objectifs de l'institution scolaire paraît bien relever dans tous les cas d'une conduite de dénégation, au sens psychanalytique du terme.

Ce que la Commission européenne dans son *Livre blanc sur l'éducation* confirme en constatant avec satisfaction que *le principe de l'égalité des droits en matière d'éducation est de plus en plus apprécié en termes d'égalité des chances*.

Mots ou expressions associés : discrimination positive, échec, excellence, orientation, projet, réussite.

CHARTE 8 8 8 8

« La Charte sera désormais une vérité. »
(Louis-Philippe)

Le mot appartient au vocabulaire politique. Louis XVIII, en 1814, puis Louis-Philippe, en 1846, octroyèrent, ou plutôt concédèrent chacun une charte.

Que de chartes concernent aujourd'hui l'éducation dans la France républicaine !

Charte pour le lycée du XXIe siècle, charte pour l'enseignement professionnel intégré, charte des programmes, charte des droits et devoirs du collégien, charte de qualité pour les collèges, etc.

Le lancement officiel de la Charte pour bâtir l'école du

XXIe siècle, de Claude Allègre, doit réunir, samedi 23 février, à la Cité de la Villette, une imposante brochette politique[1].

Charte vient du latin *carta*, papier. Comme l'histoire le montre, une charte n'est en effet souvent qu'un « morceau de papier ». Il convient de la signer avec d'autant plus de solennité que l'on connaît d'avance le sort qui lui est réservé.

Mots ou expressions associés : contrat, contractualisation.

CITÉ 8 8 8 8

> « Ah ! dieux amis, dieux sauveurs… faites voir que vous aimez vos cités… Souvenez-vous des Mystères où la cité vous offre tant de sacrifices. »
> (Eschyle)

Substantif faisant référence à la fondation de la démocratie dans la Grèce antique. Le prestige de cette origine n'empêche pas de le mettre à toutes les sauces, comme on le voit dans les exemples suivants.

L'école est une petite cité[2].

L'école est dans la cité, mais elle n'est pas la cité[3].

L'école est le cœur de la cité[4].

Où l'on s'aperçoit, par la même occasion, que les réformateurs peinent autant à ne pas galvauder le concept de cité qu'à définir l'école.

---

1. *Le Monde*, 23 janvier 1999.
2. Rapport 1998 de l'IGEN, La Documentation française.
3. *Ibid.*
4. Claude Allègre, *France-Soir*, 23 novembre 1999.

Mots ou expressions associés : citoyenneté, communauté éducative, lieu de vie.

Citoyen 8 8 8 8

« Aux armes citoyens ! »
(Rouget de Lisle)

Nom commun récemment employé comme adjectif, à la place de civique.

Le contenu [des initiatives citoyennes] fait écho au programme d'éducation civique mais aussi, ne l'oublions pas, à la dimension citoyenne de chaque discipline[1].

Le partenariat police, justice et école… a permis de mettre au point un parcours citoyen[2].

À l'école comme ailleurs, l'on ne pourra bientôt plus faire un geste qui ne soit aussitôt qualifié de « citoyen » pour peu qu'il soit idéologiquement correct. Ainsi, en 1999, la première « journée citoyenne » organisée dans les lycées a donné lieu à une « action citoyenne » s'il en est, qui consiste pour les élèves à élire des délégués. De même, pour les journaux télévisés, participer au démazoutage des côtes bretonnes après une marée noire est bien sûr une « démarche citoyenne ».

Substantif, le mot « citoyen » avait du sens ; comme adjectif, il devient insignifiant.

Mots ou expressions associés : citoyenneté, journée citoyenne.

---

1. Ségolène Royal, *XXIe Siècle*, juin 1998.
2. Rémi Barroux, *Le Monde de l'éducation*, février 2000.

CITOYENNETÉ

« Le gouvernement a pour mission de faire que les bons citoyens soient tranquilles, que les mauvais ne le soient pas. »

(Georges Clemenceau)

Substantif recouvrant, dans la vulgate des réformateurs, un *concept intégrateur*[1]. La « citoyenneté » du citoyen, malheureusement, ne « va plus de soi », à l'école comme ailleurs.

Les termes « citoyenneté » et « insertion » renvoient tous deux à la question des relations que la personne entretient avec le groupe. S'ils sont si souvent employés en cette fin de siècle, c'est que le passage d'un système économique et social à un autre perturbe, au moins provisoirement, l'harmonie collective et fabrique l'exclusion. S'ils sont fréquemment employés ensemble, associés l'un à l'autre, c'est qu'ils semblent concerner le même groupe d'individus qui « pose problème[2] ».

Si l'on comprend bien, la « citoyenneté » est un antidote aux problèmes posés par les dérapages de groupes sociaux souffrant de l'exclusion. Elle n'est pas une notion morale, encore moins politique. Elle se définit maintenant par sa visée, rétablir une « harmonie collective ». Elle est donc une sorte

1. *Lettre du XXIe Siècle*, juillet 1989.
2. *Cahiers millénaires*, n° 8, juin 1998.

de méthode. Il ne s'agit pas d'instruire le futur citoyen de ses droits et de ses devoirs démocratiques, ni d'aiguiser sa conscience civique jusqu'à le rendre vigilant au cas où les principes républicains seraient mis en danger. Cette « citoyenneté » sert à fabriquer un citoyen « paisible », en accord avec les règles comportementales admissibles qu'on lui aura inculquées, qui ne « posera pas problème » à la société. Société que l'on imagine sans doute constituée exclusivement de citoyens modèles. Des copies conformes. Des clones ?

L'Inspection générale, dans son rapport de l'année 1998, regrettait l'absence *d'un axe conceptuel clairement défini* en matière d'éducation à la citoyenneté. Elle se trompait ; cet axe est parfaitement défini : le « concept intégrateur » de « citoyenneté » a pour objectif la formation de sous-citoyens.

Mots ou expressions associés : communauté éducative, éducation à la citoyenneté.

Classe 8

> « À la place de l'ancienne société bourgeoise, avec ses classes et ses antagonismes de classe, surgit une association où le libre développement de chacun est la condition du libre développement de tous. »
> (Karl Marx et Friedrich Engels)

Traditionnellement, ce substantif désigne selon le contexte soit une division rassemblant des élèves ayant atteint le même degré d'enseignement (la Première S1, par exemple) soit le local dans lequel ceux-ci suivent un enseignement.

Longtemps considérée comme le lieu par excellence de l'appropriation rationnelle et collective des connaissances, la classe, au sens de division, est promise, selon les pédagogues modernes, à des restructurations rendues inéluctables par l'individualisation des apprentissages et la marche du progrès.

La classe n'est qu'une forme historique, historiquement datée, donc dépassable... Le découpage classique entre les disciplines, le cours magistral... sont également des formes datées et dépassables... Il s'agit bien d'inventer constamment des formes nouvelles de regroupements des apprenants. « Les élèves sont de niveau inégal : testons-les et répartissons-les en groupes homogènes, c'est simple, non [1] *? »*

Une reconfiguration de la classe s'imposera, comme elle s'impose pour l'entreprise [2].

Il est néanmoins envisagé, dans la dernière réforme du collège, d'attribuer aux « apprenants » arrivant en sixième une salle de classe fixe par division. Cela sans doute afin qu'ils ne perdent pas d'un coup tous leurs repères et que la désorientation spatiale n'ajoute pas au trouble causé dans ces jeunes

1. Jean-Michel Zakhartchouk, *Cahiers pédagogiques*, supplément n° 3, octobre-novembre 1997.

2. Joël de Rosnay, *Cahiers pédagogiques*, n° 362, mars 1998.

esprits par la suppression des cours et celle du découpage disciplinaire ainsi que par l'organisation de groupes homogènes de besoins à configuration variable.

Mots ou expressions associés : besoins, groupes, individualisation, pédagogie différenciée.

CLASSEMENT 8

> « ... voici un élève que je vous recommande, il entre en cinquième. Si son travail et sa conduite sont méritoires, il passera *dans les grands*, où l'appelle son âge. »
> (Gustave Flaubert)

Le mot et la chose sont proscrits.

Établi en fonction de la réussite aux compositions trimestrielles, le classement était le moyen imaginé par les pédagogues anciens pour faire jouer l'émulation entre les élèves et reconnaître le mérite scolaire. Cette pratique, jugée traumatisante pour les individus et même discriminatoire sur le plan social, fut supprimée dans l'enseignement primaire et secondaire en 1969.

L'habitude de classer d'après les résultats obtenus subsiste néanmoins, sans soulever de protestations, à d'autres niveaux de l'enseignement, par exemple dans les concours d'admission aux grandes écoles et à la sortie de celles-ci. De même, l'attribution de mentions au baccalauréat – mentions discriminantes pour l'accès à certaines formations supérieures –

revient à procéder à la fin des études secondaires à une sorte de classement déterminant pour l'avenir des étudiants.

Cette constatation conduit à penser que la pratique du classement, nocive pour la masse, est désormais réservée à l'aristocratie scolaire, ce qui marque incontestablement un progrès. Comme par ailleurs la publication régulière dans la presse de classements des établissements secondaires, palmarès qui confirment année après année que les meilleurs résultats sont obtenus dans les meilleurs quartiers.

Mots ou expressions associés : bon élève, composition, excellence, mérite, palmarès.

COACHING 8 8 8

« J'y dois tout, à Monsieur Ramirez. »
(Guy Bedos)

Anglicisme nouveau venu dans le « volapük Éd. nat. » mais promis à un bel avenir. De l'anglais *coachman*, qui, dans l'argot des étudiants d'outre-Manche, désigne, à partir du XIXe siècle, un répétiteur de leçons. Introduit dans la langue française en 1932, le mot est devenu synonyme, sous la forme abrégée de *coach*, d'entraîneur sportif.

Le sens originel de « répétiteur » est récemment réapparu dans le domaine du cinéma : lorsqu'elles travaillent à l'étranger, dans une autre langue que la leur, les vedettes du grand écran ont leur *coach*.

D'où, peut-être, ce *coaching* employé dans la prose officielle consacrée à la formation des futurs professeurs.

Les modalités des actions de formation ne sauraient se limiter au classique stage… qui doit être relevé, en large part, par de l'accompagnement, du tutorat, du coaching [1].

Mots ou expressions associés : former, tutorer, manager.

COÉDUCATION

> « Les parents ne peuvent pas être des éducateurs… »
> (Françoise Dolto)

La coéducation est définie comme *« l'attelage éducatif » impliquant parents et enseignants* [2].

Cette conception nouvelle implique que les enseignants admettent que les parents jouent un rôle à leurs côtés dans l'éducation des enfants et se forment dans cette optique.

Les parents, tous les parents, doivent être reconnus pour ce qu'ils sont : des coéducateurs [3].

Plus les enseignants seront formés et plus ils seront à même de gérer la coéducation [4].

Les bénéfices à attendre de la coéducation sont considérables.

---

1. Plan de formation, Division académique de formation du personnel de l'Éducation nationale de l'académie de Versailles, 23 novembre 1999.
2. *XXIe Siècle*, juillet 1999.
3. Ségolène Royal, *La Mutation des collèges*, *op. cit.*
4. Journal de l'académie de Nantes, décembre, 1999.

Aujourd'hui, et pour le plus grand bien des enfants, nous sommes au seuil d'une nouvelle période placée sous le signe des parents coéducateurs. Les parents manifestent clairement leur volonté d'être actifs dans la scolarité de leurs enfants. À nous pouvoirs publics d'utiliser au mieux leurs compétences… La cohésion sociale a tout à y gagner[1].

Ainsi les parents – encore appelés « géniteurs d'apprenant » – sont-ils enfin décidés à éduquer leurs enfants ; l'école doit donc les y aider, qui jadis n'y pensait pas, trop occupée qu'elle était à transmettre le savoir qui, comme chacun le sait, n'éduque guère.

Mots ou expressions associés : géniteurs d'apprenants, le jeune, nouveaux publics, ZEP.

CŒUR 8 8 8 8

> « – Où est-ce qu'on trouve le meilleur de l'emmental ? – Au cœur de la meule ! »
> (Extrait d'un spot publicitaire)

Substantif à valeur métaphorique, employé comme synonyme de centre dans les expressions « le cœur de », « au cœur de ».

Le cœur de l'école est la relation pédagogique[2].

---

1. *Valeurs mutualistes* – MGEN, n° 203, mars 2000.
2. François Dubet, *L'Humanité*, 22 avril 1999.

Inscrites dans le projet d'établissement, les actions de prévention mettent l'élève au cœur de la relation adulte-élève[1].

Il est nécessaire au contraire de tenir compte des réalités de terrain au cœur desquelles se retrouvent le délicat problème des représentations et celui des aptitudes à maîtriser la technologie[2].

Il s'agit bien de mettre la recherche d'une formation adaptée aux perspectives de travail et d'emploi au cœur des préoccupations[3].

Le cœur de l'établissement est le centre névralgique où convergent circulation et flux[4].

« Cœur » humanise les notions abstraites et regonfle les discours creux. Il faut l'employer en toutes occasions : le pathos plaît toujours.

Mots ou expressions associés : tous ceux que l'on veut.

COGNITIF 8 8 8 8

« … *ergo sum.* »
(René Descartes)

1. *Bulletin officiel*, hors-série n° 9, 4 octobre 1999.
2. Patrick Guihot, unité de formation Éducation et distance de l'INRP, *Cahiers millénaires*, n° 18, janvier 2000.
3. *Livre blanc sur l'éducation et la formation : enseigner et apprendre – vers la société cognitive*, Commission européenne, 1995.
4. Rapport 1998 de l'IGEN, La Documentation française.

COGNITIF

Adjectif en vogue, du latin *cognoscere*, « connaître ».

Se répand sous l'influence d'un courant dominant des sciences de l'éducation, le courant cognitiviste.

Tout un ensemble de stratégies cognitives interagissent dans le transfert [1].

Ce n'est pas une raison pour négliger ses besoins socio-cognitifs propres [2].

Nos collègues [...] fabriquent [...] du conflit cognitif à la pelle [3].

Selon certains cognitivistes, l'individu traite les informations à partir de représentations du monde qui sont souvent, voire inévitablement, erronées. D'où une redéfinition du rôle de l'enseignant qui doit placer son élève devant des « situations-problèmes » (voir ce mot), occasions de lui apprendre à déconstruire ses représentations fausses pour les remplacer par d'autres, mieux adaptées.

Ces méthodes, avec la prudence scientifique qui caractérise les recherches pédagogiques actuelles, n'ont été appliquées à l'espèce humaine qu'après avoir été expérimentées sur l'animal.

Edward Lee Thordike enfermait des chats affamés dans des « boîtes-problèmes ». B. F. Skinner a réussi à mettre en œuvre

1. *Sciences humaines*, n° 98, octobre 1999.
2. Monique Linard, professeur émérite en sciences de l'éducation à Paris X Nanterre, *Cahiers pédagogiques*, n° 362, mars 1998.
3. Dominique Natanson, *Cahiers pédagogiques*, n° 362, mars 1998.

une pédagogie active avec un pigeon qui apprit, après tâtonnements, à quel moment frapper du bec sur la commande d'un distributeur de graines. Enfin Edward C. Tolman a montré que des rats prisonniers dans un labyrinthe construisaient une « carte cognitive » de leur environnement.

Le parallélisme avec l'élève s'impose : animal affamé = désir d'apprendre ; labyrinthe, boîte-problème = situation d'apprentissage ; accès à la nourriture = acquisition des compétences.

Toutefois, la science cognitive progressant, elle rejette maintenant de telles conceptions, trop comportementalistes, de l'intelligence et préfère comparer le fonctionnement du cerveau humain à celui de l'ordinateur, selon un modèle dit « computationnel ».

Quoi qu'il en soit, les théories cognitivistes ont rencontré un écho favorable auprès de la Commission européenne.

La société du futur sera donc une société cognitive[1].

La position de chacun dans l'espace du savoir et de la compétence sera donc décisive. Cette position relative, que l'on peut qualifier de rapport cognitif, structurera de plus en plus fortement nos sociétés[2].

La mise en place de nouveaux modes de validation des

1. *Livre blanc sur l'éducation*, Commission européenne, 1995.
2. *Ibid.*

compétences [...] permettrait un certain nombre d'avancées vers la société cognitive [1].

Le courant cognitiviste serait-il le *think tank*, ou « boîte à idées », du libéralisme en matière d'éducation ?

Mots ou expressions associés : apprenant, apprentissage, conflits, situations-problèmes, société.

COMMUNAUTÉ SCOLAIRE 8 8 8 8

> « Il y a dans les communautés des têtes faibles ; c'est même le plus grand nombre. »
> (Denis Diderot)

Ce substantif, teinté de cléricalisme, désigne dans le novlangue l'ensemble des personnels qui travaillent dans un établissement scolaire : *les enseignants, les CPE, les personnels techniques, ouvriers et de service, les conseillers d'orientation, les documentalistes, les médecins, les infirmières, les assistantes sociales, les surveillants, les aides-éducateurs... Un professeur n'est pas seul ; au sein de la communauté scolaire, il est membre d'une ou plusieurs équipes pédagogiques et éducatives* [2].

En amont, il convient de préparer les différents acteurs... par l'apport d'une information sur les objectifs

1. *Ibid.*
2. Guide du professeur stagiaire, 1998-1999, IUFM d'Amiens.

éducatifs et sur les droits et devoirs de chacun des membres de la communauté scolaire [1].

La notion de communauté, familière aux Anglo-Saxons, fait bon marché de cette particularité française qu'on appelle la République, seule entité collective qui s'impose à tous les citoyens, enseignants ou pas.

Mots ou expressions associés : coéducation, équipe, lieu de vie, hospitalité.

COMPÉTENCE(S) 8 8 8 8

> « Pour gagner du bien, le savoir-faire vaut mieux que le savoir. »
> (Beaumarchais)

Mot emprunté au vocabulaire de l'entreprise où il a été introduit à la fin des années 1960 à l'initiative de l'Union des industries métallurgiques et minières. Selon cet organisme, les hiérarchies professionnelles et les conventions collectives, traditionnellement établies sur la qualification ou le diplôme, devaient être remises en cause par une classification fondée sur les compétences et utilisant trois nouveaux critères : « connaissances », « autonomie », « responsabilités ».

On retrouve ces mêmes critères dans le triptyque « savoir, savoir-faire, savoir-être » (voir cette expression) actuellement utilisé dans l'école où la logique des compétences s'est

1. Supplément au *Bulletin officiel*, n° 23, 10 juin 1999.

imposée depuis que le Conseil national des programmes, en 1992, a fait de l'acquisition et de l'évaluation desdites compétences – et non plus des connaissances – le but de tout enseignement à partir de la maternelle.

Créé dans le cadre de la réforme des cycles, le livret d'évaluation suit l'évolution des compétences de l'élève, de la maternelle à la fin de l'école élémentaire[1].

Évaluer l'élève dans sa globalité par la prise en compte de compétences autres que les performances scolaires (sens de l'initiative, autonomie, prise de responsabilité, travail fourni[2]).

D'impérieuses raisons avaient justifié ce renversement copernicien.

Nous proposons, avec l'adoption de la logique des compétences, une démarche dynamique pour préserver et accroître l'emploi[3].

Parce que la compétence – ce que recherchent en principe les employeurs – fait intervenir à la fois des savoirs, des savoir-faire et des comportements, on ne peut faire l'hypothèse que le niveau de formation définit le niveau de compétences[4].

Dans le monde du travail, il existe tout un éventail de

---

1. *Guide de la rentrée 1999*, Mairie de Paris/L'Étudiant.
2. Ségolène Royal, *La Mutation des collèges*, *op. cit.*
3. Denis Kessler, vice-président du CNPF, *Le Monde*, 28 octobre 1998.
4. Jacques Lesourne, *Éducation et Société, les défis de l'an 2000*, *op. cit.*

compétences de base (qualités relationnelles, aptitudes linguistiques, créativité, capacité de travailler en équipe et de résoudre les problèmes, bonne connaissance des technologies nouvelles) qu'il devient aujourd'hui essentiel de posséder pour pouvoir aujourd'hui obtenir un emploi et s'adapter rapidement à l'évolution des exigences de la vie professionnelle[1].

La notion de compétence, comme il apparaît ci-dessus, met en fait l'accent sur le savoir-faire et le comportement (l'adaptabilité dans la dernière citation, par exemple) plutôt que sur le savoir théorique certifié par le niveau de formation ou le diplôme.

Pour autant, mésestimer la formation théorique, au prétexte qu'elle ne suffit pas à garantir à elle seule un savoir-faire, penser que le savoir à enseigner doit être conçu strictement dans la perspective de mises en œuvre et de l'apprentissage d'une attitude professionnellement et socialement conforme n'est pas sans danger. La compétence ne peut en effet être appréciée qu'au moment de la performance : comme on dit, c'est au pied du mur qu'on voit le maçon.

Ainsi, Charles Bovary se comportait-il comme l'officier de santé qu'il était (savoir-être) et il était capable de manier le bistouri (savoir-faire) mais il n'avait pas assez de « savoir » pour ne pas tenter l'opération impossible d'un pied-bot. Et

1. Analyse des politiques d'éducation, rapport 1998 de l'OCDE.

d'un boiteux, il a tout juste réussi à faire un unijambiste ! On dira qu'on a pu ainsi juger de son incompétence ; certes, mais un peu tard pour son patient.

En sacrifiant les connaissances sur l'autel des compétences, le Conseil national des programmes a décidément engagé l'école dans une voie bien aventureuse.

Mots ou expressions associés : connaissances, évaluation, grilles, livret de compétences, référentiels de compétences, savoirs, savoir-faire, savoir-être, savoir-devenir, transmission, transversalité, tryptique magique.

Composition 8

> « Je vous parle d'un temps
> Que les moins de vingt ans
> Ne peuvent pas connaître. »
> (Charles Aznavour)

Mot d'usage obsolète autant que la pratique qu'il désigne.

La composition, en règle générale trimestrielle, était une épreuve écrite qui consistait à montrer que non seulement on avait assimilé de manière durable des connaissances, mais aussi que l'on était capable de les mettre en forme, de les exposer de manière discursive et critique. En somme, qu'on les dominait.

L'exercice, par ailleurs, donnait lieu à un classement. Il fut proscrit pour cette raison le 6 janvier 1969, par décision du ministre d'alors.

Il fallait *éliminer ces « places » proclamées qui provoquent chez tant d'élèves une anxiété aussi nuisible à leur équilibre général qu'à leur développement individuel*[1].

Se substituèrent *ipso facto* à la composition des contrôles *dépouillés de cérémonial*[2].

Les élèves se trouvèrent de ce fait libérés de l'astreinte d'apprendre puis de composer. Et, par là même, de l'exercice qui consiste à réutiliser de manière intelligible, donc intelligente, quelque connaissance que ce soit. L'incapacité à rédiger des dissertations et des démonstrations devait inéluctablement s'ensuivre, ainsi que l'affaiblissement des capacités de mémorisation.

Mots ou expressions associés : classement, contrôle, évaluation, mérite.

CONDUITES À RISQUES 8 8 8 8

> « Ce qui nous empêche souvent de nous abandonner à un seul vice est que nous en avons plusieurs. »
> (François de la Rochefoucauld)

Périphrase euphémique pour consommation d'alcool, racket, agressions, trafic et usage de stupéfiants, détention d'armes.

Un *Bulletin officiel* de 1999 propose un guide de *la*

---

1. Edgar Faure, 6 janvier 1969.
2. *Ibid.*

prévention des conduites à risques. Il ne sera pertinent et utile que s'il favorise, dans le cadre d'une éducation à la vie, la poursuite d'un double objectif : rendre l'élève capable de gérer sa santé en général et de gérer certains risques[1].

La conduite à risques ne se distingue pas du délit ou du crime par les faits. Elle s'en différencie par le traitement qu'on lui réserve.

Ainsi, « dealer » des « savonnettes de hasch » dans un lycée peut être considéré comme une simple conduite à risques.

La suite légale donnée à de tels actes dépend des initiatives prises par diverses instances, communauté scolaire, chef d'établissement, police, justice, fortement incitées par l'exécutif à travailler en « partenariat ».

En tout état de cause, rappeler la loi ne peut pas faire de mal.

Ce que le *Bulletin officiel* traduit ainsi : *Le rappel de l'interdit et de la réglementation, dans le cadre d'une démarche pédagogique, [permet] de comprendre les fondements et les effets bénéfiques et structurants de l'interdit dans le cadre du développement de la personnalité, et correspondant à un besoin collectif*[2].

Mots ou expressions associés : l'autrement-dit, comportement déviant, drogue, violences.

---

1. *Bulletin officiel*, hors-série n° 9, 4 octobre 1999.
2. *Ibid.*

CONNAISSANCES 8

« Il n'est desir plus naturel que le desir de cognoissance. »

(Michel de Montaigne)

Au pluriel, substantif fortement dévalorisé, habituellement flanqué des adjectifs à valeur péjorative « encyclopédiques », « factuelles », « mémorisées ».

Le primat [est] accordé aujourd'hui aux compétences et aux savoirs conceptuels davantage qu'aux connaissances encyclopédiques ou factuelles [1].

Les connaissances sont concurrencées par les compétences définies comme des formes opératoires (destinées à une mise en œuvre) de la « connaissance ».

La forme verbale et discursive de la connaissance n'est pas suffisante. C'est donc à la lumière de la pédagogie et de la didactique des situations qu'il faut aborder le rapport au savoir, qui est effectivement au centre du rapport à l'école... L'accent mis sur les compétences aujourd'hui, dans les entreprises et dans le système d'éducation et de formation, signifie que la forme opératoire de la connaissance, celle qui est mise en œuvre en situation de travail, en situation de résolution de problème, ou face à un événement imprévu, est le critère véritable de la connaissance [2].

---

1. Patrick Bodineau, conseiller pédagogique, *Cahiers pédagogiques*, n° 354, mai 1997.

2. G. Vergnaud, *Sciences humaines*, hors-série n° 24, mars-avril 1999.

Le passage du pluriel « les connaissances » (qu'il n'est plus de mode de faire acquérir) au singulier « la connaissance » (terme mystique) est une de ces glissades verbales chères à nos nouveaux sophistes : d'où peut venir en effet une connaissance si elle n'a pas été enseignée avec d'autres sous une « forme verbale et discursive » ? Et à qui ces fervents zélateurs du dieu entreprise comptent-ils faire croire que l'école transmet des connaissances autrement qu'en les faisant mettre en œuvre par des exercices ? Ce qui les gêne en vérité dans les connaissances, et ce pour quoi ils cherchent à les discréditer, c'est que celles-ci, précisément parce qu'elles ne se limitent pas à des mises en œuvre, permettent à l'individu de se constituer une culture et par conséquent de ne pas être étroitement asservi à la tâche à accomplir « en situation de travail ».

Mots ou expressions associés : apprendre à apprendre, compétences, encyclopédique, factuel, fondamentaux, savoir-faire, tout au long de la vie.

CONSOLIDATION 8 8 8 8

> « C'est un cautère sur une jambe de bois. »
> (Dicton)

On sait ce que signifie « consolidation » en maçonnerie (consolider un ouvrage), en médecine (consolider une fracture), à la Bourse (consolider des valeurs) ; mais quel sens le mot a-t-il à l'école ?

La consolidation est une forme de prise en charge

pédagogique spécifique des élèves en difficulté, qui leur permet de conforter leurs acquis du primaire [1].

Pour parler clair, les acquis n'étant pas acquis, la consolidation consiste à tâcher de faire acquérir ce qui ne l'a pas été à temps. Par exemple, la lecture et le calcul à des élèves sortant du primaire. Bref, le mot consolidation signifie, par une sorte d'antiphrase involontairement ironique, que l'on reprend tout à zéro.

Il existe déjà des sixièmes de consolidation dans certains collèges. Il est également question que, dans les Instituts de formation des maîtres (IUFM), le premier semestre de préparation au CAPES soit consacré (dès septembre 2000) à la *consolidation des savoirs universitaires* [2]. Ce n'est assurément pas bon signe.

Mots ou expressions associés : aide individualisée, approfondissement, soutien, remédiation.

CONTRAT 8 8 8 8

« Comme on fait son lit, on se couche. »
(Proverbe)

Emprunt au droit civil.

La politique éducative suivie dans les dernières années,

1. Note d'information du ministère de l'Éducation nationale et de la Recherche, janvier 1999.

2. *Le Monde*, 9 février 2000.

notamment depuis l'accession à l'autonomie des établissements scolaires, encourage la signature de contrats de toutes sortes (« contrats de réussite », « contrat éducatif locaux », « contrats locaux de sécurité ») avec différents partenaires : collectivités territoriales, services de police et de justice, associations, entreprises.

Prévu pour trois ans, le CEL (Contrat éducatif local) est un cadre pour l'aménagement des rythmes scolaires et des activités périscolaires et extrascolaires. Il vise à mettre en œuvre un projet éducatif conçu par les différents partenaires concernés par l'éducation des enfants et des adolescents scolarisés en primaire et au collège (enseignants, parents, associations, élus...) et rassembler tous les financements de façon cohérente[1].

La logique de l'autonomie et de la décentralisation montre ici la corde : l'abandon par l'État de son devoir d'instruction publique entre les mains de partenaires locaux chargés de « rassembler tous les financements ». Et l'ensevelissement sous cette floraison de contrats du seul contrat qui lie la nation et son école, le contrat social, lequel ne saurait admettre aucune « contractualisation » entre entités administratives ou entre volontés des particuliers.

Même la relation entre élève et professeur peut faire l'objet d'un contrat.

---

1. *XXIe Siècle*, avril 1999.

Il s'agit de donner aux élèves le moyen de réussir leur projet personnel, dans le cadre d'une pédagogie de contrat, en s'appuyant sur une évaluation formative dans chacune des disciplines [1].

La nature d'un tel « contrat » passé entre un élève et des enseignants reste confuse autant que son objet. On ne voit pas quels échanges, quelles obligations mutuelles pourraient être ainsi contractualisés dans le cadre de l'Éducation nationale. À moins que celle-ci, ayant renoncé à instruire de manière désintéressée, échange aujourd'hui de la formation contre des services escomptés de la part des élèves, services restant alors à définir.

Mots ou expressions associés : acteur, contractualisation, formation, partenaire, projet.

CONTRÔLE 8 8

> « Des p'tits trous, des p'tits trous, toujours des p'tits trous. »
> (Serge Gainsbourg)

Substantif emprunté au vocabulaire des transports publics par le ministre de l'Éducation en poste en 1969. Depuis, on n'exerce plus, on ne compose plus, on contrôle.

Quelle note as-tu eue à ton contrôle de math, ou d'histoire, ou de gym ? est un refrain qui égaye les soirées

1. Rapport 1998 de l'IGEN, La Documentation française.

familiales ou anime les dialogues entre élèves pendant les interclasses.

Le mot se rencontre aujourd'hui dans deux emplois.

1. Le contrôle des connaissances :

En baisse. S'il subsiste, notamment à la demande des parents, il est toutefois pédagogiquement dépassé : *Ces contrôles ne visent... qu'à sanctionner des acquis et, dans de nombreuses disciplines, à n'apprécier que des connaissances mémorisées*[1].

L'« évaluation critériée » (voir *Évaluation*), qui tend à s'y substituer, permet à l'élève faible d'obtenir la moyenne.

2. Le contrôle continu :

En hausse, car il est de nature à atténuer la brutalité des examens.

Mots ou expressions associés : baccalauréat, évaluation critériée.

CROISÉ 8 8 8 8

> « Il émanait d'elle une sorte de magnétisme animal qui se décuplait chaque fois qu'elle croisait et décroisait les jambes. »
> (Gérard de Villiers)

Empreints de préciosité, cet adjectif et le substantif qui lui correspond sont employés par les réformateurs dans deux sens.

---

1. *Ibid.*

1. Pour exprimer les notions de pluridisciplinarité et de tranversalité.

Je souhaite... Que chaque élève de quatrième puisse s'investir... dans la réalisation de travaux croisés, projets pluridisciplinaires valorisants et formateurs[1].

Il s'agit donc d'organiser le croisement et le dialogue de ces savoirs autour du « concept intégrateur » de citoyenneté[2].

2. Pour caractériser les procédures d'audit ou d'évaluation.

Toute évaluation doit bénéficier de plusieurs regards croisés[3].

Mots ou expressions associés : audit, pluridisciplinarité, tranversalité.

CULTURE COMMUNE 8 8 8 8

> « Les barbares... sont dans les faubourgs de nos villes... »
>
> (*Journal des débats*, 1832)

L'expression a supplanté « culture générale ».

La rénovation des collèges repose sur une approche globale qui fait porter la réflexion à la fois sur les contenus d'enseignement et les modes d'organisation, pour que

1. Ségolène Royal, *La Mutation des collèges*, *op. cit.*
2. *Lettre du XXI*e *Siècle*, juillet 1999.
3. Claude Pair, *Rapport sur la rénovation du service public de l'Éducation nationale*, février 1998.

devienne réaliste l'ambition d'une culture commune, proposée à tous[1].

Les Segpa (sections d'enseignement général et professionnel adapté) doivent affirmer le droit des élèves à acquérir une culture commune[2].

L'affirmation incantatoire du droit à l'acquisition d'une culture commune montre combien cet objectif est un vœu pieux dans l'esprit des réformateurs. Les textes et les déclarations révèlent également à quel point les contours de cette « culture commune » sont flous.

Tantôt elle est un « principe intégrateur », à introduire d'urgence dans une société dont la cohésion est menacée par le multiculturalisme. Elle est alors considérée comme une base pour un consensus social : *Intégrer « des lieux de mémoire », des données simples constitutifs du patrimoine, apparaît en effet essentiel à la construction et à l'assimilation d'un langage commun*[3].

Tantôt elle est une sorte de SMIC scolaire, formé par un ensemble de *savoirs et de savoir-faire qui constituent*

1. Alain Boissinot, directeur des lycées et collèges, *Le Nouveau Collège*, 1997.
2. Ségolène Royal, discours de clôture de la journée nationale des Segpa, 20 janvier 2000.
3. François Bayrou, *Vers le nouveau collège : un nouveau contrat pour l'école*, décembre 1995.

autant d'objectifs communs [1], à l'intention des plus défavorisés.

Elle est donc un patchwork de connaissances, un *digest* culturel : *On ne va pas rentrer dans les détails, il faut juste quelques flashs pour montrer qu'il se passait des choses en Chine, au Japon pendant que Jules César faisait la conquête de la France* [2] (sic).

Le moins que l'on puisse dire est qu'en substituant la culture commune à la culture générale, on a certainement perdu en ambition sans gagner en clarté. Mais personne n'est dupe : la culture commune est destinée aux « nouveaux publics » (voir cette expression). Dans les établissements d'élite, où l'on continue à apprendre que Jules César a conquis la Gaule, la « culture gé » reste au programme.

Mots ou expressions associés : éducation à la citoyenneté, élite, fondamentaux, socle.

---

1. Alain Boissinot, directeur des lycées et collèges, *Le Nouveau Collège*, 1997.
2. Claude Allègre, *France-Soir*, 23 novembre 1999.

DÉBAT ARGUMENTÉ 8 8 8 8

> « Seuls ceux qui sont intellectuellement perdus acceptent d'argumenter. »
> (Oscar Wilde)

Le « débat argumenté » est la pièce maîtresse de l'éducation civique, juridique et sociale (ECJS) au programme des lycées du XXIe siècle.

L'apprentissage de la citoyenneté, sans exclure d'autres voies, passe par celui du débat argumenté[1]...

Ce nouvel enseignement comprendra, entre autres, des débats au cours desquels les élèves apprendront à argumenter, à défendre leurs opinions, tout en respectant le point de vue d'autrui[2].

L'ECJS doit satisfaire la demande exprimée par les lycéens lors de la consultation de 1998 sur les savoirs, de pouvoir s'exprimer et débattre à propos de questions de société. Le

1. Jean-Paul Thomas, professeur en sciences de l'éducation, IUFM de Paris, *Cahiers pédagogiques*, octobre-novembre 1998.
2. *Un lycée pour le XXIe siècle*, ministère de l'Éducation nationale, de la Recherche et de la Technologie, 1999.

« débat argumenté » apparaît donc comme le support pédagogique naturel de ce projet[1].

Ainsi donc, le « débat argumenté », « apprentissage de la citoyenneté », consiste en des échanges d'« opinions » sur des « questions de société ».

Plairait-il aux promoteurs de l'ECJS d'expliquer en quoi des débats sur des « questions de société » permettent d'accéder à la « citoyenneté », ou comment un projet pédagogique peut être « naturel », ou encore quel est le rapport entre « savoir » et « opinion » ? Beaux sujets de philosophie pour un prochain bac.

Mots ou expressions associés : cité, citoyen, citoyenneté, éducation à la citoyenneté.

DÉCENTRALISATION 8 8 8 8

> « Il est impossible de comprendre la valeur de cette expression provinciale... »
> (Honoré de Balzac)

Les lois de décentralisation ont transféré aux collectivités locales la charge financière de l'entretien et de la construction des établissements scolaires. De récentes mesures ont mis en place un système « déconcentré » de nomination des enseignants. Un ministre voit plus loin.

1. Rapport final de la consultation sur les savoirs au lycée, colloque de Lyon, 11 mai 1998.

Toute réforme de l'Éducation nationale passe par une décentralisation… : il faut confier les écoles aux communes, les collèges aux départements, les lycées aux régions. Personnels compris[1].

Bien sûr *des références nationales et des diplômes nationaux assureront la cohérence des formations. À l'aide de subventions, l'État assurera l'égalité entre régions*[2].

Au ministère de l'Éducation nationale qui remplaça en 1932, à l'exemple de l'Italie fasciste, le ministère de l'Instruction publique, succédera, s'il faut en croire cet augure, un ministère de l'Éducation régionalisée, dont le rôle sera de distribuer des subventions compensatoires.

N'oubliez pas le personnel !

Mots ou expressions associés : déconcentration, mammouth, mutation, réforme.

Défi(s) 8 8 8 8

« Y'a pas de problèmes, y'a que des défis ! »

(Le manager d'une communauté éducative)

Substantif souvent chargé d'emphase.

L'arrivée de ces nouvelles technologies ne peut être envisagée en dehors des enjeux de savoirs dans une école et une société qui subissent sans cesse des mutations rapides et

1. Claude Allègre, *Le Nouvel Observateur*, 6-12 avril 2000.
2. *Ibid.*

profondes. Nous avons déjà évoqué les défis auxquels nous sommes confrontés[1].

Toutes ces visions apportent une contribution importante à notre compréhension des problèmes et des défis qui sont aujourd'hui le lot quotidien du monde de l'éducation[2].

Les défis les plus valorisants semblent être ceux de la modernité : mutations, de préférence rapides, révolution technologique, avènement de la société cognitive du XXIe siècle.

Ah, que la tâche qui vous attend est rude, mais combien exaltante ! répètent, tout émoustillés, les nouveaux prophètes.

Mots ou expressions associés : société cognitive, XXIe siècle.

DEVOIRS 8

> « Derrière la porte fermée de ma chambre, je suis occupée à ce qu'il peut y avoir au monde de plus normal, de plus légitime, de plus louable, je fais mes devoirs… »
>
> (Nathalie Sarraute)

Employé couramment seul, le mot a longtemps désigné de manière elliptique les « devoirs à la maison ».

Accusés d'accroître les inégalités entre les élèves, les plus défavorisés d'entre eux ne pouvant compter sur l'aide de leurs

1. André Giordan, *Cahiers millénaires*, n° 18, janvier 2000.
2. Thérèse Laferrière, professeur au Département d'études sur l'enseignement et l'apprentissage de l'université Laval (Canada), *Cahiers millénaires*, n° 18, janvier 2000.

parents, ces devoirs ont fait l'objet, pour le cycle primaire, de multiples interdictions ministérielles, en 1956, en 1971 et à nouveau en 1994.

Penserait-on à les interdire au collège et au lycée ? On ne peut l'exclure après les déclarations récentes d'un ministre.

Les enfants ont beaucoup de devoirs. Ils sont crevés [1].

Mots ou expressions associés : contrôles, connaissances, évaluations.

DICTÉE 8

> « Les mots de la dictée semblent être des mots choisis pour leur beauté, leur pureté parfaite. »
> (Nathalie Sarraute)

Exercice scolaire destiné à apprendre et à maîtriser l'orthographe. La dictée souffre d'un discrédit grandissant. Les instructions officielles déconseillent de la faire pratiquer trop fréquemment.

En tout état de cause, le recours à la dictée de « contrôle » doit être extrêmement limité (un seul par période de six à sept semaines [2]*).*

1. Claude Allègre, *France-Soir*, 23 novembre 1999.

2. Instructions officielles pour l'enseignement du français au collège, note des inspecteurs pédagogiques régionaux de lettres, académie de Caen, 10 septembre 1997.

Au collège, [on dispense les] dictées à un rythme soutenu, trop soutenu [1].

D'autres formes d'apprentissage de l'orthographe sont à préférer : QCM (questions à choix multiples), textes à compléter, reconstitution de textes, autodictée, simple copie d'un texte.

Sans nier l'intérêt de ces exercices, d'ailleurs depuis longtemps en usage, on peut se demander si, en raréfiant la dictée, qui sera d'autant moins réussie qu'on manque d'entraînement, on n'a pas tout simplement fait une croix, quoi qu'on dise, sur l'enseignement de l'orthographe (voir ce mot).

Les aficionados pourront toujours se rabattre sur les Dicos d'or.

Mots ou expressions associés : erreurs, faute, orthographe.

DIDACTIQUE 8 8 8 8

« ... la tacata que tique du gendarme... »

(Lionel Leplat, chanté par Bourvil)

Étude de l'enseignement aussi bien du point de vue des contenus à transmettre que des méthodes appropriées à cette transmission, la didactique a connu ces dernières années une véritable révolution.

Jadis, elle consistait à dégager les éléments du savoir (cours de géographie élémentaire, histoire élémentaire de la

1. Rapport 1998 de l'IGEN, La Documentation française.

littérature, cours élémentaire de mathématiques ou de philosophie, etc.), à concevoir des pratiques pédagogiques (leçons, travaux dirigés, travaux pratiques, etc.), ainsi que des exercices canoniques (dictée, analyse grammaticale et logique, composition, démonstration, dissertation, etc.), propres à les inculquer en les faisant mettre en œuvre.

Aujourd'hui, placée au centre de la formation des futurs enseignants dans les IUFM, confiée à des spécialistes en sciences de l'éducation, elle a redéfini ses objectifs.

La didactique interroge les connaissances : le choix des savoirs à transmettre ; à partir de quelle problématique ?... En histoire, devra-t-on enseigner la Révolution française selon les thèses d'Albert Soboul ou celles de François Furet ? Les débats autour de ces questions ont généré le concept de « transposition didactique », qui montre l'écart entre le « savoir savant » et le « savoir enseigné »...

D'autre part, la didactique étudie la manière dont les élèves s'approprient les savoirs, en fonction de leurs propres conceptions et des contraintes imposées par les situations de classe. Ces aspects induisent la recherche des meilleures modalités possibles de la transmission : réflexions sur les méthodes et sur les médiations pédagogiques appropriées[1].

1. *Sciences humaines*, hors-série n° 24, mars-avril 1999.

Cette définition pose autant de problèmes qu'elle prétend en résoudre.

Ainsi se dit-on qu'entre Albert Soboul et François Furet, il doit bien y avoir une matière commune qu'on appelle l'histoire – des faits entre autres choses – qu'il s'agit d'enseigner aux élèves plutôt que de choisir pour eux, avant même qu'ils sachent ce dont il est question, entre les thèses de ces deux historiens de la Révolution française.

Comment admettre par ailleurs, sauf à considérer que le savoir est réservé à des clercs et inaccessible au commun des mortels, le concept de transposition entre « savoir savant » et « savoir enseigné » ? Faire des mathématiques élémentaires n'est-ce pas déjà accéder, certes modestement, à la compréhension de la science des mathématiques ?

Enfin que penser d'une « transmission » conçue comme une « médiation » (voir ces deux mots), comme si le maître, trop imbécile pour dominer sa matière, n'avait rien à enseigner par-lui même ?

La didactique nouvelle manière rappelle la vieille cuistrerie des sorbonnâgres fustigés autrefois par Rabelais pour la prétention et l'inanité de leur jactance.

Mots ou expressions associés : discipline, IUFM, médiation, transposition.

Discipline 8

« Ils sont à peine des demi-pères, ceux qui pourvoient à profusion à tout ce qui est nécessaire au corps des

enfants, mais qui ne se soucient pas d'affiner leur esprit par quelque discipline. »
(Érasme)

Substantif utilisé dans deux acceptions.

1. Au sens de « règle de conduite ». Le terme est dans cet usage obsolète. Il n'est plus employé que dans l'expression « conseil de discipline », la discipline, jugée ringarde, ayant disparu depuis belle lurette de l'institution scolaire.

2. Au sens de « branche de la connaissance », « matière à étudier ». La discipline découlant d'une fragmentation des savoirs, elle est soupçonnée d'être nocive. Certains même n'hésitent pas à parler à ce propos d'« insularité ».

Les disciplines scolaires ont une place fondamentale dans l'enseignement, de l'école au lycée. Pourtant, depuis plusieurs années, cette évidence est repensée[1].

Individualiste par essence, le professeur a du mal à sortir de l'insularité de sa discipline pour appréhender l'élève dans sa globalité[2].

Beaucoup [mettent] en avant... la primauté absolue de la transmission des savoirs disciplinaires[3].

Il convient de combattre cette tendance. L'antidote est toute trouvée : la transdisciplinarité, la transversalité (voir ce mot) :

1. Plan de formation des formateurs 1999-2000, IUFM de Nantes.
2. J.-M. Croissandeau, *Le Guide du lycée*, *op. cit.*
3. Rapport 1998 de l'IGEN, La Documentation française.

Maths
Chimie
Allemand

Insularité

Au lycée, les savoirs interdisciplinaires et transversaux sont mis en avant[1].

D'ailleurs : *Il est plus important de viser des objectifs de formation à caractère général que d'apprendre des matières bien précises*[2].

En somme, l'insularité disciplinaire correspondrait à une sorte de « corsitude » de l'esprit peu adaptée aux temps modernes.

Mots ou expressions associés : interdisciplinarité, transversalité.

DISCRIMINATION POSITIVE 8 8 8 8

« Cette obscure clarté qui tombe des étoiles. »
(Victor Hugo)

La formule, un tantinet provocatrice, désigne la politique d'éducation mise en place dans les quartiers défavorisés par la création des Zones d'éducation prioritaires (1981) puis des Réseaux d'éducation prioritaires (1999), *politique nouvelle inspirée des expériences américaines et adoptée par la « deuxième gauche », qui regroupe... les amis de Michel Rocard et de Jacques Delors*[3].

1. Plan de formation des formateurs 1999-2000, IUFM des Pays de Loire.
2. Analyse des politiques d'éducation, rapport 1998 de l'OCDE.
3. Jean-Michel Gaillard, *Le Monde de l'éducation*, février 2000.

Cette politique s'explicite de la manière suivante : *Faire que ceux qui ont moins par la famille aient plus par l'école*[1]...

Certains établissements sont classés en ZEP ou en REP après évaluation des difficultés sociales et scolaires de leur public et reçoivent des moyens supplémentaires, en postes notamment, ce qui permet de réduire les effectifs des classes pour enseigner plus efficacement.

L'application du principe apparemment irréprochable de la « discrimination positive » réserve cependant quelques surprises.

Celle-ci cache en fait une « discrimination négative », ce que l'Inspection générale a parfaitement compris. Pour preuve ce paragraphe éloquent de son rapport en 1998 : *les moyens supplémentaires... doivent être fournis essentiellement par redéploiement. Nous rappelons que la politique des ZEP est basée sur un principe de discrimination positive.*

Pour parler clairement, la « discrimination positive » consiste donc, en redéployant les moyens, à déshabiller Pierre pour habiller Paul. De là résulte un paradoxe difficilement soluble : dès lors qu'un établissement est classé en ZEP, il obtient les moyens nécessaires à la progression de ses élèves, mais cette progression l'expose à sortir du classement et à perdre ces moyens supplémentaires.

---

1. Ségolène Royal, *XXIe Siècle*, juin 1998.

Mots ou expressions associés : inégalités compensatrices, ZEP, REP.

Dispositif 8 8 8 8

> « Tous ces grands préparatifs ont souvent plus d'apparence que de solidité... »
> (Fénelon)

Emprunt au langage militaire. Courant dans le jargon technocratique. Désigne des dispositions administratives, tout en suggérant qu'elles obéissent à un plan de bataille.

Le CESC (Comité d'éducation à la santé et à la sécurité) est un dispositif qui constitue, au niveau de l'établissement scolaire, le cadre privilégié de définition et de mise en œuvre de l'éducation préventive en matière de conduites à risques, de dépendances, dans et hors l'école[1].

La mise en œuvre d'un dispositif dépend de l'armement des troupes. *Les enseignants s'estiment mal armés pour proposer les réponses adaptées... Ils attendent... une meilleure formation... à la mise en place de parcours individualisés de formation et un meilleur accompagnement pour la mise en œuvre des dispositifs nécessaires*[2].

Il est donc indispensable d'accompagner tout dispositif d'un

1. *XXIe Siècle*, juin 1998.
2. Note d'information du ministère de l'Éducation nationale, de la Recherche et de la Technologie, janvier 1999.

autre dispositif, le second étant destiné à suivre et à évaluer le premier.

La mise en place de ce nouveau dispositif (les travaux personnels encadrés ou TPE)... fera l'objet d'un suivi et d'une évaluation de la part des chefs d'établissements et des corps d'inspection [1].

Enfin, la plupart des dispositifs doivent être « finalisés ». Sans doute parce qu'ils peinent à trouver un début d'application.

On va finaliser le dispositif [d'aide individualisée] à l'occasion de la prérentrée [2].

On se gardera de déduire de ce qui précède que les dispositifs concoctés par des réformateurs acharnés finissent par se perdre dans les sables. Tous, au contraire, s'additionnent. L'école croule sous leur masse.

Mots ou expressions associés : accompagnement, pilotage, suivi.

Drogue 8

> « Hachisch. Ne pas confondre avec hachis, qui ne provoque aucune extase voluptueuse. »
> (Gustave Flaubert)

---

1. *Un lycée pour le XXIe siècle*, ministère de l'Éducation nationale, de la Recherche et de la Technologie, 1999.
2. Thierry Saudejaud, proviseur du lycée Jean-Perrin à Lyon, *Le Monde de l'éducation*, septembre 1999.

D

DROGUE

Le mot est à éviter. Pour parler des stupéfiants, dont le trafic et la consommation sont devenus courants dans les murs et autour de l'école, mieux vaut dire « substances psychoactives ».

Le *Bulletin officiel*, hors-série n° 9, du 4 novembre 1999, consacré à la prévention des « conduites à risques », recommande de *définir des programmes de prévention qui s'attachent plus aux comportements qu'aux produits consommés, qu'ils soient licites ou illicites*.

Ce même *Bulletin* répertorie parmi les *substances psychoactives... la camomille, le tilleul et la verveine qui procurent une détente et favorisent l'endormissement*.

Devant un élève assoupi, la tête entre les bras sur son pupitre, le professeur ne doit pas incriminer le caractère soporifique de ses cours ni soupçonner une consommation de cannabis, mais plutôt se demander si le « déviant » n'a pas ingéré une quantité inconsidérée de tisane.

Expression associée : conduites à risques.

Échec 8

« Être moderne, c'est bricoler dans l'Incurable. »
(Emil Michel Cioran)

Situation dans laquelle se trouvent des enfants qui ne « suivent » pas, qui n'ont pas acquis les « bases » et qui sont condamnés, à plus ou moins long terme, à être bannis du système scolaire.

Le mot ne se rencontre pas ou très peu dans la prose officielle qui préfère utiliser des euphémismes tels que « élèves en grande difficulté », « différents », « qui ont moins », laissant entendre que l'échec a sa cause dans la situation sociale des intéressés.

L'emploi de ce terme n'est pas sans conséquence.

Ne pas fermer pudiquement les yeux sur ceux, trop nombreux, qui arrivent en sixième sans maîtriser les bases nécessaires... Ceux-là, on le sait, risquent de s'emmurer dans l'échec [1], a déclaré une ministre.

Ces propos laissent penser que l'échec scolaire serait d'abord l'échec de l'école. Ce que semblent croire, selon *Le Monde* du 22 janvier 2000, les professeurs de la section d'enseignement

1. Ségolène Royal, *La Mutation des collèges*, *op. cit.*

général et professionnel adapté (Segpa) Henri-Wallon, dans le Val-d'Oise : *Les enseignants de Bezons s'interrogent : quand l'école élémentaire se donnera-t-elle enfin les moyens de repérer les véritables difficultés des enfants qui ne répondent pas aux critères officiels de la réussite pour éviter d'en faire des « sauvages » ?*

Mieux vaut donc proscrire ce mot « dangereux », surtout quand tant d'élèves arrivent en sixième avec de graves lacunes. Cela évite de se demander si la diminution du temps consacré à l'inculcation des éléments (voir *Élémentaire*), dénoncée par l'inspecteur général Jean Ferrier dans un rapport vite enterré, ne serait pas pour quelque chose dans cette situation. Ou si le mépris déjà ancien des autorités pédagogiques pour les exercices répétitifs et l'entraînement de la mémoire n'aurait pas eu pour effet d'« emmurer dans l'échec » les enfants les moins favorisés.

Mots ou expressions associés : consolidation, deuxième chance, groupe de besoins, remédiation, parcours de réussite, pôle d'excellence.

ÉCOLIER 8

> « Ma mère termina, grâce à la machine à coudre, une blouse noire d'écolier, taillée dans une craquante lustrine, qui brillait de tout son apprêt… »
> (Marcel Pagnol)

Substantif obsolète, qui désigne un élève de l'école primaire ou des petites classes du secondaire.

Ce mot plein de poésie ne s'emploie plus. Il y a des « professeurs des écoles » (voir cette expression), il n'y a plus d'écoliers. Avec cette disparition, les enfants ont pris un sacré coup de vieux.

Mots ou expressions associés : apprenant, professeur des écoles.

ÉDUCABILITÉ 8 8 8 8

> « Nous autres artistes, nous sommes inéducables. »
> (Friedrich Nietzsche)

Néologisme inventé par un directeur de l'Institut national de la recherche pédagogique (INRP). Employé comme complément de nom dans l'expression « postulat d'éducabilité ».

Philippe Meirieu plaide quant à lui pour un « postulat d'éducabilité » : le rôle de l'école est d'amener chaque individu à construire son autonomie. L'enseignant devient alors un médiateur qui permet à l'enfant d'acquérir des connaissances pour progresser et grandir [1].

Comme l'architecte postule la « construisibilité » de la maison, le garagiste la « réparabilité » des voitures, le paysan la « vélabilité » de ses vaches, le pédagogue postule donc l'« éducabilité » des enfants.

Cette lapalissade bien inélégante prêterait à rire si elle ne laissait entendre que des générations d'instituteurs et de

1. Martine Fournier, *Sciences humaines*, n° 100, décembre 1999.

professeurs, qui n'étaient certes pas des « médiateurs », auraient postulé que leurs élèves étaient inaptes à apprendre quoi que ce soit. Il est vrai que les uns se contentaient, le plus souvent avec succès, de leur apprendre à lire et à écrire, et que les autres s'efforçaient, avec un certain bonheur, de leur faire fréquenter les grands textes de la littérature. Ignorant tout de l'« éducabilité », préoccupés avant tout d'instruire, ils n'avaient certes jamais pensé *que les élèves défavorisés devaient apprendre à lire dans les modes d'emploi d'appareils électroménagers* [1].

Mots ou expressions associés : citoyenneté, débat argumenté, éducation à, instruction, jeune, nouveaux publics.

ÉDUCATION À 8 8 8 8

> « Cela seul vous éduque vraiment, qui vous contrarie. »
> (André Gide)

Syntagme courant dans les textes officiels mais inconnu des dictionnaires.

L'éducation à l'orientation vise à permettre à l'élève d'effectuer, le moment venu, des choix de formation [2].

Se rencontrent également : *éducation à la citoyenneté, éducation préventive à la santé et à la sexualité, éducation à l'environnement, éducation à la consommation et à la sécurité.*

---

1. Philippe Meirieu, *Le Figaro Magazine*, 23 octobre 1999.
2. Note d'information du ministère de l'Éducation nationale, janvier 1999.

Que peut bien vouloir dire « éduquer à quelque chose » ? L'usage ne veut-il pas que le verbe « éduquer » se suffise à lui-même ? On éduque, tout court, sans qu'il soit besoin de dire à quoi, c'est-à-dire que l'on apprend à un enfant à se conduire comme il faut en société, en individu « éduqué », « instruit », civil, de fréquentation agréable. Ces bonnes manières n'impliquant pas l'intériorisation d'une quelconque idéologie ou d'une pensée dominante mais au contraire permettant à chacun de garder son quant-à-soi.

Il semble justement que l'« éducation à » diffère de l'« éducation » tout court en ce sens qu'elle prétend non plus seulement inculquer des « façons », mais obtenir de l'enfant et de l'adolescent, par un catéchisme, qu'ils adhèrent à des valeurs collectives : la prévention, l'environnement, l'orientation, la consommation, la citoyenneté. En somme « éduquer à » signifie « conditionner » à des comportements socialement prescrits.

Mots ou expressions associés : postulat d'éducabilité, nouveaux publics.

EFFICIENCE 8 8 8 8

> « Tous les partis tombent d'accord, je pense, que le nombre prodigieux d'enfants... est, dans le déplorable état de ce royaume, un très grand fardeau de plus. »
> (Jonathan Swift)

De l'anglais *efficiency*, « efficacité », traduit aussi par l'expression française « rapport coût-efficacité ».

Petit florilège de textes où les tenants de l'« efficience » en matière de politique éducative livrent le fond de leur pensée :

Les données disponibles permettent cependant de conclure que le système éducatif français fait preuve, non seulement d'une bonne « efficience » relative (en offrant des prestations importantes pour une dépense modérée), mais également d'un bon « rendement » (en procurant aux jeunes un niveau de connaissances qui situe globalement la France en bon rang parmi les pays comparables, toujours pour une dépense modérée[1]).

L'analyse coût-efficacité a un champ d'application extrêmement large pour l'évaluation des systèmes scolaires... Elle est sans doute l'instrument le plus puissant et le mieux adapté pour... fonder les changements à apporter dans une situation générale de rareté des ressources[2].

Le caractère inévitablement contraint des ressources publiques qu'une société donnée peut consacrer à la dépense d'éducation incite – en principe – fortement à des efforts de rationalisation et d'analyse fine des coûts des prestations assurées et des « produits » d'un système éducatif[3].

1. *L'État de l'école*, n° 7, Division de l'évaluation et de la prospective, octobre 1997.

2. Alain Mingat, « Analyse coût-efficacité en éducation », *Administration et Éducation*, n° 42, avril 1989.

3. François Louis, chef de la mission d'évaluation de la Direction de la prospec-

Il est superflu de faire observer au lecteur, qui l'aura remarqué de lui-même, le lien qui unit « dépense modérée », « rareté des ressources » et « caractère inévitablement contraint des ressources publiques ».

Mots et expressions associés : audit, évaluations, experts, management, pilotage, ressources humaines.

EFFORT 8

> « Nous avouons ne pas saisir la valeur pédagogique d'un système qui épargne à l'élève tout ce qui peut le gêner ou rebuter. Moins on lui en demande, moins il en fait. »
> (Charles-Marie Granges)

Mot proscrit depuis qu'il est admis que l'effort démotive, tue le désir d'apprendre, le pire des efforts étant l'effort de mémorisation.

Quelques-uns persistaient néanmoins, récemment encore, à tenir des propos hérétiques : *L'apprentissage d'une langue étrangère implique l'effort, et d'abord l'effort de mémorisation. Il faut rappeler aux élèves qu'il y a des leçons en anglais et qu'elles s'apprennent*[1].

Ils ont rectifié d'eux-mêmes l'année suivante : *La tâche du*

tive et du développement (DPD) au ministère de l'Éducation nationale, OCDE, Luxembourg 16-17 novembre 1998.

1. Instructions officielles, « Anglais en classes de seconde, première et terminale », 1991.

professeur de seconde est de consolider les acquis lexicaux... en faisant preuve de discernement quant à l'utilité des mots étudiés... Sans rendre la charge excessivement lourde[1].

Mots ou expressions associés : allègement des programmes, apprendre, devoirs, encyclopédique, factuel, mémoire.

Élémentaire 8

> « Il faut être profond dans l'art ou dans la science pour en bien posséder les éléments. »
> (Denis Diderot)

Adjectif tombé en désuétude.

Est élémentaire ce qui se rapporte aux premiers éléments d'un savoir, d'une science ou d'un art. L'acquisition des connaissances élémentaires s'inscrit dans une perspective encyclopédique au sens où elle est l'étape préalable à une approche plus complexe de ce savoir ou de cette science. Elle ne peut se faire que sous la direction de maîtres suffisamment savants pour dégager et enseigner lesdits éléments.

La réorganisation en cycles – cycles des « apprentissages premiers », des « apprentissages fondamentaux », des « approfondissements » – de ce qui s'appelait hier encore l'école pré-élémentaire, puis élémentaire, a fait passer l'adjectif « élémentaire » à la trappe. Dans le même temps,

1. *Bulletin officiel*, n° 23, annexe au programme de langues vivantes, 4 juin 1992.

l'enseignement des premiers éléments a été remplacé dès la maternelle par l'acquisition des « compétences » ou « savoirs » et « savoir-faire » dits « fondamentaux » (voir ces mots).

En réduisant le rôle de l'école à l'apprentissage de « compétences », on a évacué l'élémentaire et du même coup compromis l'accès au savoir. C'est si vrai que la Commission européenne conseille *à chacun un effort d'adaptation en particulier pour construire soi-même sa propre qualification, en recomposant des savoirs élémentaires acquis ici ou là*[1].

Ici ou là ? Plus à l'école en tout cas !

Mots ou expressions associés : connaissances, compétences, fondamentaux, savoir-faire.

ÉLITE 8

> « Écoute-moi, je parlerai bien bas... »
> (Tristan Corbière)

Mot devenu rare. À chuchoter entre soi quand on éprouve le besoin de se rassurer.

La réussite de l'école de masse ne saurait signifier une baisse de la qualité de l'élite scolaire, c'est-à-dire des meilleurs élèves[2].

1. *Livre blanc sur l'éducation*, Commission européenne, 1995.
2. Claude Thélot et Philippe Joutard, *Réussir l'école*, Le Seuil, 1999.

Mots ou expressions associés : culture commune, hétérogénéité, nouveaux publics, pôle d'excellence.

ÉMERGENCE 8 8 8 8

> « Ce qui s'élève d'un champ de blé ne ressemble pas forcément à un pot à eau. »
> (Benjamin Péret)

Au sens figuré, apparition soudaine. Substantif employé surabondamment dans les textes de l'Éducation nationale.

Les conseils municipaux d'enfants ont été conçus pour favoriser l'émergence d'un nouveau statut des jeunes dans la cité[1].

L'effort intense et diversifié d'ouverture sur les cultures et la vie civique permet à l'École de jouer un rôle très positif dans les rééquilibrages sociaux et l'émergence de la responsabilité[2].

L'émergence du jeune citoyen à part entière, autonome, que l'on aide et éclaire plus qu'on ne le domine et le contraint[3].

Cette page vise l'émergence des besoins[4].

---

1. *XXIe Siècle*, avril 1999.
2. *ÉduSarthe 2000*, supplément du *Bulletin de l'Éducation nationale de la Sarthe*, septembre 1999.
3. Rapport 1998 de l'IGEN, La Documentation française.
4. « Demande de formation négociée », IUFM des Pays de Loire, 1999.

Que d'apparitions ! Mulder et Scully enquêtent.

Mot associé : champ.

ENCYCLOPÉDIQUE 8

« Encyclopédie – En rire de pitié, comme étant un ouvrage rococo, et même tonner contre. »

(Gustave Flaubert)

Adjectif péjoratif, de même que le substantif « encyclopédisme » devenu synonyme de « empilement des connaissances ».

Le discrédit dont souffre l'encyclopédisme n'est pas récent. Déjà, on pouvait lire dans *Le Figaro* du 3 janvier 1967 : « L'encyclopédisme, ennemi de l'étude, conduit au gavage. » Quant au *Monde* du 6 avril 1969, il se félicitait du recul de « l'encyclopédisme qui caractérisait l'enseignement primaire [1] ».

La critique de l'encyclopédisme est au centre de la réforme actuelle de l'école.

Le primat [est] accordé aujourd'hui aux compétences et aux savoirs conceptuels davantage qu'aux connaissances encyclopédiques ou factuelles [2].

On attendra de [l'élève] moins un savoir encyclopédique

1. D'après le *Dictionnaire des mots contemporains*, Le Robert, 1989.

2. Patrick Bodineau, conseiller pédagogique à Madagascar, *Cahiers pédagogiques*, n° 354, mai 1997.

Encyclopédique

que certaines aptitudes intellectuelles et mentales, parmi lesquelles... l'esprit d'initiative, ... l'esprit d'équipe, ... et l'expérimentation pratique[1].

L'enseignement n'avait comme objectif que la transmission de savoirs savants, relativement limités, dans une perspective fondamentalement encyclopédique. C'est aujourd'hui une aberration[2]...

Il serait assurément vain de faire observer aux contempteurs de l'encyclopédisme, imbus d'une méthodologie qui voudrait se passer de connaissances, qu'ils s'inscrivent dans la longue tradition obscurantiste que combattirent Diderot et d'Alembert. Ou que l'abandon de la transmission des « *savoirs savants* » conduit inexorablement à l'affaiblissement de l'esprit critique et au triomphe des préjugés.

Mots ou expressions associés : connaissances, empilement, factuel, mémorisation, programmes.

ENSEIGNANT 8

> « On n'enseigne et on ne peut enseigner que ce que l'on est. »
>
> (Jean Jaurès)

Substantif couramment usité pour désigner les maîtres du primaire ou du secondaire. Si le mot survit comme

---

1. Jack Lang, *Le Monde de l'éducation*, mars 1999.
2. Rapport 1998 de l'IGEN, La Documentation française.

dénomination générique, la fonction est promise, selon les prêtres de la modernité, à une extinction inévitable.

Même à l'intérieur des établissements scolaires, l'individualisation plus marquée des modes d'apprentissage... annonce le déclin consécutif du rôle des enseignants, dont témoigne aussi le développement de nouvelles sources d'apprentissage, notamment par le biais des TIC (technologies de l'information et de la communication) et de ressources humaines autres que le corps enseignant[1].

Dans certains pays, il semble que les enseignants encourent (sic) *réellement le risque d'être les laissés-pour-compte dans le développement du marché des technologies de l'information*[2].

Mots ou expressions associés : autodidaxie, formateur, guide, individualisation, instituteur, intervenant, médiateur, organisateur des apprentissages, professeur, technologies de l'information et de la communication (TIC).

ÉQUIPE 8 8 8 8

> « Si tu veux rester avec nous, il faudra prendre l'esprit d'équipe et t'habituer à tout mettre en commun. »
> (Jean-Paul Sartre)

Emprunté au vocabulaire sportif, le mot désigne soit les

1. Rapport de l'OCDE sur l'analyse des politiques d'éducation, 1998.
2. *Adult Learning and Technology in OECD*, OECD Proceedings, 1996.

professeurs d'une même classe soit l'ensemble des membres de la « communauté éducative » (voir cette expression).

Il semble cependant que certains facteurs favorisent la performance des établissements. L'un d'eux est la mobilisation de l'équipe enseignante[1].

Un professeur... est préparé à travailler en équipe et à conduire avec d'autres des actions et des projets[2].

Le travail en équipe est aujourd'hui présenté par les responsables et les experts du système éducatif comme la solution miracle aux difficultés de l'enseignement. Cela prouve à quel point les uns et les autres méconnaissent les réalités du métier. Le service d'un professeur du secondaire l'amène en effet à prendre en charge au moins quatre et jusqu'à dix classes donc à faire partie d'autant d'équipes. À moins de lui supposer un don d'ubiquité, on ne voit pas comment dans ces conditions – et ne parlons pas de l'incompatibilité des emplois du temps des équipiers – il pourrait assumer les contraintes d'un vrai travail collectif, ce qu'on ne cesse pourtant de lui demander.

Dans le domaine du *management*, cela s'appelle la technique de la « double contrainte » (en anglais *double-bind*), technique qui consiste à placer les employés devant des exigences contradictoires de manière à les culpabiliser.

1. François Dubet, *Cahiers pédagogiques*, n° 354, mai 1997.
2. Guide du professeur stagiaire 1998-1999, seconde année, IUFM de l'académie d'Amiens.

L'exhortation au travail « en équipe » est une de ces facilités du discours devant laquelle un réformateur ne doit jamais reculer car elle présente un double avantage. D'abord, elle ne coûte rien, ensuite elle permet de suggérer que les intéressés, dont on ne fustigera jamais trop les tendances libertaires (voir *Libertaire*) et insulaires, sont incapables d'adapter leurs pratiques.

Mots et expressions associés : communauté scolaire, coach, manager, projet.

ÉVALUATION 8 8 8 8

« Le résultat m'importe. »
(Jacques Vaché)

Au sens propre, estimation ou expertise (évaluer un bien), au sens figuré, jugement approximatif (évaluer une difficulté). En économie, l'évaluation est une spécificité du « management de projet ».

Présentée comme un des moyens essentiels de la réforme de l'éducation, la systématisation de l'évaluation renvoie à plusieurs « dispositifs » (voir ce mot).

1. L'évaluation permanente des performances du système éducatif dans son entier, de chacune de ses subdvisions administratives et de chacun des établissements scolaires, en vue d'en mesurer l'« efficience ». « Évaluation » est alors synonyme d'« audit » (voir *Efficience* et *Audit*). Le premier et plus célèbre des audits a été mené dans l'académie de Lille, sous la

direction du recteur Claude Pair. Associant plus de trois cents « auditeurs », il a été qualifié d'« usine à gaz » par un fonctionnaire de la division de l'évaluation et de la prospective (DEP).

2. L'évaluation des élèves qui prend deux formes.

a. Les « évaluations de masse » organisées, depuis 1992, à l'entrée en classe de CE2, de sixième et en fin de seconde.

Celles-ci devaient permettre d'établir un diagnostic sur le niveau global de la population scolaire. Du moins l'a-t-on cru jusqu'à ce que leurs résultats, catastrophiques, révèlent que nombre d'écoliers sortant du primaire ne savaient ni lire ni compter.

Depuis, de multiples déclarations ont infirmé la fiabilité de ces évaluations et même jeté le soupçon sur l'honnêteté des évaluateurs.

Les trois quarts de ces évaluations sont fausses[1].

Quant aux évaluations passées, je les ai arrêtées, parce qu'elles n'étaient pas significatives[2].

Les évaluations ne sont pas là pour saper le travail des enseignants... Il faut que le système soit totalement clair et que l'indépendance de ceux qui font ces évaluations soit garantie, sans prêter le flanc à la critique[3].

1. Claude Allègre, *France-Soir*, 23 novembre 1999.
2. Claude Allègre, *Le Monde*, 24 novembre 1999.
3. Ségolène Royal, déclaration aux États généraux de la lecture, Nantes, 4 mai 1999.

Les comparaisons avec les résultats des années précédentes ne sont absolument pas pertinentes puisque les outils d'évaluation utilisés sont différents d'une année sur l'autre[1].

b. Les évaluations individuelles, promises à se substituer aux contrôles notés, lesquels *ne visent qu'à sanctionner des acquis et... à n'apprécier que des connaissances mémorisées*[2].

On épargnera au profane les savantes distinctions que les pédagogues officiels établissent entre évaluation « critériée », « diagnostique », « formative », « sommative », « évaluation bilan » ou encore « autoévaluation ».

Il lui suffira, pour saisir la philosophie commune à toutes ces procédures, de prendre connaissance de la définition de l'« évaluation critériée » donnée par les inspecteurs pédagogiques régionaux de l'académie de Caen, dans une note à l'intention des professeurs de collège : *L'évaluation critériée qui fixe les objectifs à atteindre et mesure leur maîtrise est une évaluation positive qui s'intéresse davantage aux acquis mesurés des élèves qu'aux déficits qui peuvent peser de façon récurrente sur toutes leurs activités. De ce fait, il*

1. Cahier d'évaluation à l'entrée en seconde, document à l'attention du professeur, mission de l'évaluation, direction de l'évaluation et du développement (DPD), ministère de l'Éducation nationale, septembre 1999.

2. Rapport 1998 de l'IGEN, La Documentation française.

devient possible qu'un élève en difficulté, placé devant une tâche qu'il a les moyens d'effectuer, puisse obtenir la moyenne.

Évaluations de masse contestées, évaluations individuelles contestables, il paraît néanmoins qu'*une culture de l'évaluation est née dans le système éducatif depuis dix-quinze ans*[1].

Dont acte.

Mots ou expressions associés : audit, grilles critériées, livret de compétences, savoir-faire.

EXPERT

> « Il était de ceux qui veulent toujours faire mieux qu'on ne le demande. C'est une abominable qualité chez un domestique. »
> (Georg Christoph Lichtenberg)

Synonyme d'« auditeur ».

L'expert s'efforce de chercher de la cohérence dans des propositions qui renvoient à un idéal, à une utopie ; le politique, lui, cherche avant tout à assumer ses responsabilités face aux électeurs, bien sûr, mais aussi devant un gouvernement et des organisations syndicales[2].

1. Claude Thélot et Philippe Joutard, *Réussir l'École*, *op. cit.*
2. Philippe Meirieu, directeur de l'Institut national de la recherche pédagogique (INRP), cité par Nicolas Truong dans *Le Monde de l'éducation*, septembre 1999.

Cette complainte d'un « auditeur » déçu devrait être méditée par les partisans du « pilotage » (voir ce mot) par expertise.

Mots ou expressions associés : audit, évaluation, management.

FACTUEL 8

> « J'admire, en vérité, ces gens qu'on appelle sophistes. »
> (Xénophon)

Anglicisme.

Les textes relatifs à l'enseignement emploient l'adjectif « factuel » (ou « encyclopédique ») pour qualifier péjorativement les « connaissances ».

Il s'agit de construire une culture et non d'accumuler des connaissances factuelles[1].

1. *Bulletin officiel*, n° 12, « Programmes d'histoire-géographie, seconde générale et technologique », 29 juin 1995.

[Le programme] vise à l'intelligence de la période plutôt qu'à la juxtaposition de connaissances factuelles [1].

Comme on le voit dans ces exemples, le caractère péjoratif de « factuel » est donné par l'emploi préalable d'un terme dévalorisant, ici « accumuler » ou « juxtaposition », ailleurs « empilement ». Ce qui permet, *in fine*, d'opposer « connaissances factuelles » à « culture » et « intelligence ».

Les ficelles de cette rhétorique sont grosses. Il faut beaucoup de mauvaise foi pour assener comme une évidence qu'il peut y avoir une culture sans connaissances factuelles ou une intelligence de la réalité sans connaissance des faits. Ce qui revient à dire, ni plus ni moins, que la culture et l'intelligence se construisent sur du vide.

Mais les experts de l'OCDE, en disciples de l'évêque Berkeley, théoricien de l'idéalisme absolu moqué par Voltaire en son temps, ne vont-ils pas jusqu'à mettre en doute l'existence des faits ?

Il est plus important d'apprendre à apprendre que de maîtriser les prétendus « faits [2] ».

Mots ou expressions associés : compétence, connaissance, culture, déclaratif/procédural, encyclopédisme, mémoire, programmes, savoir.

---

1. *Ibid.*
2. Gérer les stratégies de l'information dans l'enseignement supérieur, document OCDE, 1996.

Faisabilité 8 8 8

« À cœur vaillant, rien d'impossible. »

(Jacques Cœur)

Anglicisme venu du vocabulaire de l'ingénierie. La faisabilité est le caractère de ce qui est faisable compte tenu des contraintes techniques et économiques.

À l'école, il convient de *faire la liste des compétences exigibles impliquant l'acquisition de savoirs et de savoir-faire correspondants, en prenant en compte les capacités d'assimilation des élèves et en s'assurant de la faisabilité de ce qui est proposé*[1].

Au contraire du maître ancien, semblable par ses ambitions à un don Quichotte, le pédagogue nouveau agit avec circonspection. Il mesure par avance des capacités et une faisabilité moyennes, déterminant ainsi une hauteur d'obstacle modeste, franchissable par tous.

Pour parler le jargon des cognitivistes, il ne vise pas au-delà de ce qui se trouve dans la « zone proximale de développement de l'apprenant ». Le mieux étant de ne rien exiger de l'apprenant que celui-ci ne sache déjà faire. De préférence mal, ce qui dégage des marges appréciables de progression.

Mots ou expressions associés : pédagogie de maîtrise, zone proximale de développement.

1. Charte des programmes, Conseil national des programmes (CNP), 1992.

FAUTE 8

> « *Mea culpa, mea culpa, mea maxima culpa.* »
> (Confiteor)

Substantif considéré comme « pédagogiquement incorrect » à l'Éducation nationale.

On enlève des points quand les « fautes » apparaissent. Or, ce processus tend à bloquer les élèves et peut les amener à multiplier les erreurs [1].

Pourtant, dans le domaine sportif, le mot faute est couramment employé. On s'étonnera d'ailleurs que la pratique du sport – qui constitue une référence si précieuse aujourd'hui, notamment en matière d'apprentissage, d'esprit de méthode, d'émulation et d'intégration – se fourvoie dans des notions aussi rétrogrades.

Mots ou expressions associés : erreur, évaluation critériée, orthographe.

FONDAMENTAUX 8 8 8 8

> « MAÎTRE DE PHILOSOPHIE. – N'avez-vous point quelques principes, quelque commencement des sciences ?
> MONSIEUR JOURDAIN. – Oh ! oui, je sais lire et écrire. »
> (Molière)

Adjectif ou substantif pluriel qui s'est substitué à « élémentaires » et à « éléments ». Traduit une appréciation purement subjective de ce qu'il est important d'enseigner.

---

1. Accompagnement des programmes $5^e/4^e$, livret 1, CNDP, 1997.

Il est nécessaire que les lycéens… maîtrisent des exercices fondamentaux de la vie pratique et professionnelle : la rédaction d'une lettre ou d'un rapport, la lecture d'un tableau de chiffres, l'utilisation d'un traitement de textes, ou la maîtrise d'un bref exposé en français ou dans une langue étrangère[1].

N'est-il pas admirable de parvenir, à l'issue de quinze années d'études, à mettre ainsi les élèves en mesure de rédiger un CV, de lire un relevé de compte bancaire et de prononcer un bref exposé « en français » ?

Toutefois, de l'aveu même d'un ministre, l'enseignement n'est pas toujours à la hauteur de cette grande ambition : *Le niveau ne cesse de progresser. Ce qui est vrai, en revanche, c'est que l'enseignement s'est un peu affaissé sur les fondamentaux*[2].

Mots ou expressions associés : connaissances, éléments, programmes, socle.

FORMATION 8 8 8 8

> « Cependant on délibérait si l'on me ferait horloger, procureur ou ministre. »
> (Jean-Jacques Rousseau)

Le mot a été longtemps employé seul pour désigner, de manière elliptique, la formation continue.

1. *Un lycée pour le XXIe siècle*, *op. cit.*
2. Claude Allègre, *France-Soir*, 23 novembre 1999.

Au cours de la dernière décennie, il a été importé à l'école où il s'impose de plus en plus souvent à la place d'« éducation » ou d'« instruction ».

Avec la crise, pour favoriser la compétitivité économique et lutter contre le chômage, la formation et le savoir-faire vont venir au premier plan, l'instruction et l'éducation étant considérées comme des moyens [1].

Dans la perspective d'une formation « tout au long de la vie » (voir cette expression), les pratiques scolaires traditionnelles cèdent le pas aux pratiques de la formation continue : contractualisation, objectifs, parcours individualisés, projet.

« Auteur-acteur » de sa formation, l'élève est ainsi « formaté » dans la perspective d'une adaptation rapide aux fluctuations du marché du travail.

Mots ou expressions associés : apprentissages, compétences, contrat, savoir-faire, tout au long de la vie.

Fort 8 8 8 8

« Dÿables ! Que chis me tient fort ! »
(Jehan Bodel)

Adjectif le plus souvent postposé, affectionné par les nouveaux pédagogues autant que par les hommes politiques.

Mais si la formation ne part pas de la logique des

1. Claude Pair, *Rapport sur la rénovation du service public d'éducation*, février 1998.

pratiques, alors, à ce moment-là, la multiréférentialité peut seule être un fondement, ou en tout cas un vecteur fort en ce domaine[1].

Les CIO approfondissent une relation forte avec le tissu de l'entreprise et des métiers[2].

Il faut à l'évidence... mobiliser les acteurs et donner aux contrats des contenus forts[3].

Cette forte idée républicaine et égalitaire[4]...

L'introduction de travaux de fabrication permettant... une implication forte de l'élève[5].

L'utilisation de l'adjectif « fort » compense en général la faiblesse du propos.

Mots ou expressions associés : au cœur de, autrement.

FRONTAL 8

> « On ne voyait guère que leur buste dans leur chaire, comme ces centaures qui sont toujours à cheval, ou comme les caissières des grands magasins... »
> (Marcel Pagnol)

---

1. Michel Develay, directeur de l'Institut des sciences et pratiques d'éducation et de formation de l'université de Lyon 2, *Cahiers millénaires*, n° 18, janvier 2000.
2. *ÉduSarthe 2000*, supplément du *Bulletin de l'Éducation nationale de la Sarthe*, septembre 1999.
3. *Un lycée pour le XXIe siècle*, *op. cit.*
4. Ségolène Royal, *Le Monde de l'éducation*, février 2000.
5. Rapport final de la consultation sur les savoirs au lycée, colloque de Lyon, 11 mai 1998.

Adjectif dévalorisant qui qualifie la position du professeur conduisant une classe du haut de sa chaire et de son savoir, démarche pédagogique aujourd'hui légitimement condamnée tant elle évoque la rigidité militaire et même la guerre des tranchées.

On traite les jeunes élèves en masse assise par la seule force du savoir académique, dans cette relation caporale et frontale qui étonne même nos voisins allemands [1]. C'est dire...

Mots ou expressions associés : magistral, pédagogie présentielle, transmission.

GÉRER 8 8 8 8

« Les affaires sont les affaires. »
(Octave Mirbeau)

Au sens premier, gérer est synonyme d'administrer (une entreprise, un fonds de commerce, des stocks). Au sens second,

1. Jacques Pain, professeur en sciences de l'éducation à Paris X Nanterre, *Le Monde de l'éducation*, mars 2000.

on « gère », pour s'en sortir à moindres dommages, une situation difficile. Ce dernier sens s'emploie désormais métaphoriquement pour parler de la conduite à adopter face à des personnes en difficulté, voire à l'égard de sa propre personne.

Les cas les plus difficiles à gérer sont ceux des élèves qui se sentent exclus du système scolaire [1].

Rendre l'élève capable de gérer sa santé en général et de gérer certains risques [2].

Cet emploi, prisé par les responsables du système éducatif, présente l'indéniable avantage, dans une optique managériale, de déshumaniser les rapports humains.

Mots ou expressions associés : management, ressources humaines.

GRILLES 8 8 8

« C'est à travers de larges grilles
Que les femelles du canton
Contemplaient un puissant gorille… »
(Georges Brassens)

Substantif employé dans l'expression « grilles d'évaluation ».

Les grilles en question prennent la forme de tableaux quadrillés où sont recensées les compétences (savoirs,

---

1. *Valeurs mutualistes* – MGEN, mars 2000.
2. *Bulletin officiel*, hors-série n° 9, 4 octobre 1999.

savoir-faire, savoir-être) à acquérir au cours de la formation, en fonction de l'objectif final de celle-ci.

Depuis longtemps utilisées dans l'entreprise pour dresser le profil des employés et en mesurer l'adéquation avec leurs postes, elles ont été introduites, depuis presque dix ans, dans les écoles maternelle et primaire. Elles viennent de l'être au collège, avec la création du livret de compétences (voir *Livret*), en attendant qu'elles le soient au lycée, ce qui ne saurait tarder.

Elles permettent *à l'enseignant de gérer le suivi des compétences au cours de l'année*[1].

Par exemple des *compétences générales que sont relever, organiser, raisonner, créer, restituer l'information et gérer sa vie d'élève*[2].

Le maître les remplit, ou mieux encore les fait remplir par l'intéressé, supposé pouvoir auto-évaluer ses savoirs et son comportement, en portant des croix dans des cases.

Les dangers de l'utilisation pédagogique de telles grilles sont pourtant connus. En réduisant l'enseignement à un apprentissage, et les savoirs à des savoir-faire, elles accoutument élèves et maîtres à des modes de rationalisation appauvris. Elles traduisent une vision mécanicienne de l'intelligence et une

1. *Bulletin officiel*, hors-série n° 6, 12 août 1999, sur l'enseignement des sciences au lycée.

2. Programme d'accompagnement de cinquième et de quatrième, Centre national de documentation pédagogique, 1997.

conception instrumentale de la personnalité appréciée par rapport à des comportements conformes. En somme, elles servent à « tayloriser » les apprentissages et à « gérer », dès le plus jeune âge, les « ressources humaines ».

Mots ou expressions associés : compétences, livret de compétences, référentiel de compétences.

Groupe 8 8 8 8

> « Vraiment, je suis joliment content d'être un Bêta, parce que je ne travaille pas si dur. Et puis nous sommes bien supérieurs aux Gammas et aux Deltas. »
> (Aldous Huxley)

La cote du mot « groupe » est inversement proportionnelle à celle du mot « classe ». L'hétérogénéité des « nouveaux publics » exigerait, dès le collège, la mise en place de « groupes de besoins » à géométrie variable adaptés à la diversité des apprenants.

On veillera à varier les formes de regroupement des élèves selon les objectifs visés : enseignement par classe, groupes d'intérêts ou de besoin, situations d'interaction entre élèves d'une même classe ou de classes différentes [1].

L'évaluation diagnostique n'a de sens que si elle est commandée par la remédiation rétroactive qu'elle

1. *Charte pour bâtir l'école du XXIe siècle*. Note sur la mise en œuvre.

prépare. Elle débouche naturellement sur la constitution de « groupes évolutifs de besoins[1] ».

Outre la difficulté qu'elle entraîne dans la confection des emplois du temps, devenue un véritable casse-tête pour les proviseurs adjoints, la pédagogie « groupale » est affectée de tares : elle empêche le maître, sommé de se plier aux intérêts variés et aux besoins divers des groupes, de transmettre à tous les connaissances, elle prive les élèves des repères et de l'émulation qu'ils pouvaient trouver dans une classe, encourageant ainsi les plus faibles d'entre eux à considérer leur faiblesse comme une norme.

Mots ou expressions associés : aide individualisée, besoin, classe, intérêt, modules, remédiation.

GUIDANCE 8 8 8 8

> « Le nez collé au guidon… il pédalait rageusement. »
> (Roger Vailland)

Mot d'ancien français, signifiant « action de guider », passé au XVIe siècle dans la langue anglaise.

Les étudiants bénéficient d'un support pédagogique intégré procurant guidance et explication à la demande[2].

1. Rapport 1998 de l'IGEN, La Documentation française.
2. « Exemples de projets dans le cadre du programme Applications télématiques », *Livre blanc sur l'éducation*, Communauté européenne, 1995.

On ne doit pas confondre « procurer guidance » et « guider ».

La guidance est *conscientisation des activités par le sujet, mise en place des conditions d'un fonctionnement autonome de l'élève [pour] l'amener à rationaliser les modes d'utilisation de ses connaissances, à s'approprier les procédures des tâches et les outils d'évaluation. C'est à lui de se repérer dans la tâche.*

Alors que *guider l'élève, c'est baliser son parcours en lui indiquant les opérations à effectuer et leur ordre d'exécution* [1].

Ce qu'il fallait démontrer.

Mots ou expressions associés : autonomie, guide, outils.

GUIDE 8 8 8 8

> « Le guide souriait, l'index toujours tendu. »
> (André Malraux)

Désigne le nouvel enseignant dans le langage « pédagogiquement correct ».

Le formateur devient médiateur, guide, ou tuteur [2].

Ce dernier, de transmetteur de connaissances devient

1. Document interne, IUFM des Pays de Loire, 1998.
2. *Sciences humaines*, n° 98, octobre 1999.

médiateur, recours en cas de difficultés, guide de l'élève vers les sources de la connaissance[1].

L'instituteur, le professeur ou le formateur guident l'élève dans ses démarches d'apprentissage, l'aident à développer ses propres stratégies mentales et à évaluer la pertinence de ses acquis[2].

Une résurgence du maoïsme ? Peu probable. Plutôt l'émergence d'un messianisme pédagogique. Tout cela, si l'on n'y prend garde, finira par des croix !

Mots ou expressions associés : accompagnateur, formateur, instituteur, médiateur, professeur, tuteur.

HÉTÉROGÉNÉITÉ 8 8 8 8

> « Et ils pénétrèrent dans Capharnaüm… Et on était frappé de son enseignement, car il les enseignait comme ayant pouvoir, et non comme les scribes. »
> (Évangile selon Marc)

Substantif synonyme de disparités excessives de niveau entre

1. André Lafond, inspecteur général honoraire, *Cahiers pédagogiques*, n° 362, mars 1998.
2. Martine Fournier, *Sciences humaines*, n° 98, octobre 1999.

élèves d'une même classe, certains n'ayant pas acquis les bases indispensables pour « suivre ».

L'emploi de ce mot cacophonique s'est répandu avec la « massification » (voir ce mot) de l'enseignement secondaire, l'hétérogénéité des classes de collège et bientôt de lycée posant dès lors des problèmes insurmontables aux enseignants, ce qu'admettent bien des observateurs.

Comment gérer l'hétérogénéité des élèves, ou pour parler de façon plus positive, comment prendre en compte leur diversité, et proposer à chacun d'eux des parcours de réussite, tout en proposant des objectifs de formation communs pour tous[1] *?*

Le problème de l'hétérogénéité était cependant une « divine surprise » pour certains idéologues de l'école, l'occasion rêvée pour eux d'imposer à des enseignants déstabilisés une pédagogie « révolutionnaire », au sens politique du terme : la pédagogie « différenciée », « diversifiée », « individualisée », ou encore « modulée » selon les « besoins » de chacun.

Ce qui fait la richesse de notre école est justement l'hétérogénéité, le métissage, ce qui entraîne de facto *la mise en*

1. Marion Damas, chef du Bureau des collèges au ministère de l'Éducation nationale, *Cahiers français* n° 285, mars-avril 1998.

œuvre d'une pédagogie différenciée. Celle-ci s'inscrit bien dans un combat « politique » au sens noble du mot[1].

Après expérimentation, les professeurs ont cependant jugé *négligeable l'incidence des parcours différenciés sur les performances des élèves*[2]. Et même, *l'expérience a permis de constater que, dans une classe trop hétérogène, les élèves les plus rapides prennent des habitudes de paresse intellectuelle, cependant que les plus lents retardent la progression des autres sans grand bénéfice pour eux-mêmes*[3].

L'Inspection générale rejette la responsabilité de cet échec sur les « vieux » enseignants :

Les jeunes professeurs sont en général moins blasés [que] leurs aînés, parfois quelque peu déconcertés par une massification des effectifs et l'hétérogénéité des élèves ; les jeunes s'engagent plus volontiers dans des pratiques évaluatives globales dont ils perçoivent l'intérêt pour la mise en place d'une pédagogie différenciée[4].

Mais, en fin de compte, sa préférence semble aller à une *hétérogénéité modulée [qui] permet de regrouper dans une*

---

1. Françoise Cros, professeur en sciences de l'éducation à Paris X et à l'IUFM de Versailles, *Cahiers pédagogiques*, supplément n° 3, octobre-novembre 1997.

2. Note d'information du ministère de l'Éducation nationale sur « La rénovation du collège », janvier 1999.

3. Projet d'établissement du lycée Louis-le-Grand, *Cahiers pédagogiques*, n° 354, mai 1997.

4. Rapport 1998 de l'IGEN, La Documentation française.

même division des élèves de niveau différent, sans toutefois que ces différences soient extrêmes [1]. C'est-à-dire à rien d'autre qu'à la reconstitution de classes de niveau qui ne disent pas leur nom.

Un directeur de l'Institut national de la recherche pédagogique, pour sa part, persiste et signe : *La République a besoin d'une institution scolaire fondée sur le principe de l'hétérogénéité maximale* [2].

Mots ou expressions associés : consolidation, individualisation, nouveaux publics, parcours diversifiés.

Hospitalité 8 8 8 8

> « L'hospitalité du lit, j'laisse ça à d'plus grandes dames que moi, qui n'y reçoivent qu'les gens bien portants. »
> (Victorien Sardou)

Au sens premier, l'hospitalité consiste à partager son toit avec quelqu'un qui en a besoin. L'Inspection générale de l'Éducation nationale, après avoir effectué un *audit* des conditions d'accueil dans les établissements scolaires, la définit autrement.

L'option a été prise de tester la pertinence d'une acception large de l'accueil des élèves, dans les établissements secondaires publics, en termes d'hospitalité, pour répondre aux

1. *Ibid.*
2. Philippe Meirieu, *L'École ou la Guerre civile*, Plon, 1997.

attentes communes et différenciées des élèves... Il ne s'agit pas de recevoir des personnes dans un cadre prédéterminé, mais bien de donner l'hospitalité à quelqu'un, c'est-à-dire d'aider quelqu'un à se créer progressivement un « chez-soi[1] ».

Dans cette nouvelle acception, l'hospitalité ne doit donc pas être confondue, comme on aurait pu l'espérer, avec l'amélioration du confort (adaptation des locaux et de l'ameublement, insonorisation, etc.) ou de la propreté des établissements scolaires, qui laisse souvent à désirer à cause du manque de personnel. Elle se conçoit plutôt comme l'offre faite à l'« aimable clientèle » des collèges et des lycées d'un service complet et personnalisé donnant à chacun le sentiment d'être « chez lui ». Instruction en sus, et sans supplément, au gré de chacun, sans doute.

Mots ou expressions associés : communauté scolaire, individualisation, lieu de vie.

1. Rapport 1998 de l'IGEN, La Documentation française.

FGHIJKLMNOPQRSTUVWXYZABCD

INDIVIDUALISATION 8 8 8 8

« Au suivant,
Au suivant ! »
(Jacques Brel)

Synonyme de différenciation.

Les néo-pédagogues et les réformateurs entendent, par une pédagogie individualisée ou différenciée, adapter l'enseignement à chaque élève, à son rythme, à ses besoins, à ses intérêts, à ses objectifs.

Les textes *ont marqué le passage d'une pédagogie axée sur la transmission et le contrôle des connaissances à une pédagogie axée sur la formation plus individualisée des élèves, s'appuyant sur l'évaluation progressive des apprentissages, formation susceptible d'être facilitée par des structures adaptées* [1].

La définition de groupes de besoins et l'individualisation de l'enseignement ont obligé à un suivi des progrès des élèves grâce à des systèmes appropriés [2].

1. *Ibid.*
2. *Ibid.*

Cette nouvelle pédagogie, bien dans la ligne de l'individualisme ambiant, semble prometteuse. En apparence, elle propose rien de moins que de doter chaque élève de précepteurs particuliers commis à son suivi, d'offrir, en quelque sorte, une éducation de prince à tous les petits Français.

On observe cependant qu'il s'agit, dans la foulée, de renoncer à « la pédagogie axée sur la transmission et le contrôle des connaissances ». Dès lors, quels progrès pourra-t-on évaluer ? Les progrès accomplis par chacun en fonction d'intérêts et d'objectifs individuels, le plus souvent déterminés par le niveau socio-culturel des parents.

Dans ces conditions, est-ce faire preuve de malice que de penser que l'individualisation des apprentissages revient à laisser les élèves suivre leur pente et à laisser jouer pleinement, en accompagnant en douceur le processus, les inégalités sociales et culturelles ? Est-ce montrer un attachement déplorable au passé que de préférer à une pédagogie individualisée ou différenciée, qui promet la lune, la pédagogie éprouvée, qui consiste à placer les enfants, rassemblés dans une classe, devant les mêmes exigences et à assurer par la transmission collective des connaissances, autant que faire se peut et en dépit des inégalités, une élévation du niveau de tous et de chacun ?

Mots ou expressions associés : acteur, autonomie, classe, compétences, pédagogie différenciée.

INGÉNIERIE 8 8 8 8

« Nous sommes les ingénieurs des âmes. »
(Maxime Gorki)

Anglicisme nouveau venu dans le novlangue. Ce substantif est passé du langage de l'industrie – où il signifie « étude de la faisabilité d'un projet », d'un point de vue essentiellement technique et financier – à celui de l'école où il désigne un savoir-faire éventuellement exportable en matière éducative.

C'est dans ce domaine que devrait en priorité s'investir l'adjoint [au chef d'établissement] : suivi des élèves, identification des acquis cognitifs et non cognitifs, orientation, documentation, nouvelles technologies, ingénierie pédagogique[1].

L'exportation méthodique de nos formations professionnelles et générales, mais aussi la modernisation de l'Agence de l'enseignement français à l'étranger, la restructuration du Centre international d'études pédagogiques, l'organisation des établissements à l'étranger en pôles, consortia *ou réseaux sont les éléments essentiels au service de cette ingénierie française de la matière grise*[2].

Rénové et réorganisé, le Centre international d'études pédagogiques se positionne sur le marché international de

1. Claude Pair, *Rapport sur la rénovation du service public de l'Éducation nationale*, février 1998.
2. C. Allègre et H. Védrine, *XXIe Siècle*, mars-avril 2000.

l'ingénierie de système d'éducation et de formation... Cette organisation nouvelle... traduit le nouveau positionnement du CIEP comme opérateur et maître d'œuvre pour la conception de systèmes éducatifs et la formation de leurs cadres[1]...

Le rayonnement de la France à l'étranger a toujours été dû, pour une large part, à l'excellence reconnue de son instruction publique et à l'influence des élites intellectuelles formées par celle-ci. Reste à prouver qu'il peut être accru par la mise sur le marché international des structures technocratiques responsables de la crise actuelle du système éducatif.

Mots ou expressions associés : savoir-faire, formation.

INSTITUTEUR 8

> « L'instituteur lucide et grave, magistrat
> Du progrès, médecin de l'ignorance, et prêtre
> De l'idée... »
> (Victor Hugo)

Substantif encore couramment employé dans la langue orale, mais promis à l'obsolescence, le législateur ayant décidé l'extinction progressive du corps des instituteurs et son remplacement par un corps de « professeurs des écoles » (voir cette expression).

Reste le passé, devenu mythique, d'un instituteur dans sa

1. *XXIe Siècle*, mars-avril 2000.

blouse, photographié devant le tableau noir et la carte des départements français [1].

L'instituteur, comme son titre l'indique, instituait l'élève en disciplinant l'enfant. Polyvalent, il acquérait par l'expérience l'art difficile de transmettre les premiers éléments de divers savoirs au moyen de « leçons ». Ces qualités sont aujourd'hui sans valeur. L'apprenant, devenu « acteur-auteur » de sa formation, n'a plus à être institué, l'inculcation des éléments, dépassée, est supplantée par l'apprentissage des compétences, la « leçon », surannée, l'est par l'autodidaxie, la classe, périmée, par des « groupes de besoins ».

Enfin, *le « hussard noir » de la République, solitaire dans sa classe, est remplacé par un « maître d'œuvre » capable de coordonner des activités autour de sa propre compétence professionnelle* [2].

Mots ou expressions associés : écolier, professeur des écoles, IUFM.

Instruire 8

« L'instruction bien dirigée corrige l'inégalité naturelle des facultés. »
(Condorcet)

1. Laurent Willemez, *Cahiers français*, nº 285, mars-avril 1998.
2. *ÉduSarthe 2000*, supplément du *Bulletin de l'Éducation nationale de la Sarthe*, septembre 1999.

INSTRUIRE

Action de dispenser une instruction, d'enseigner des connaissances, de donner une leçon, d'édifier, d'initier. L'instruction publique avait jadis pour mission d'instruire les élèves et par là de former les futurs citoyens.

Mais « instruire » n'est plus une ambition suffisante pour l'école.

Aujourd'hui, les enseignants ne sont plus seulement chargés d'instruire les jeunes qui leur sont confiés. Ils contribuent aussi à leur éducation, ils les forment en vue de leur poursuite d'études et de leur insertion sociale et professionnelle[1].

Passons sur « éducation » qui forme ici un pléonasme avec « instruire », mais que penser d'une formation visant à l'« insertion sociale et professionnelle » ? On s'était accoutumé à l'idée un peu naïve que l'école (au sens étymologique : loisir studieux) mettait les enfants et les adolescents, le temps qu'ils s'instruisent, à l'abri de la pression utilitariste de la société et des soucis professionnels qui sont le lot des adultes. Il est temps de dissiper cette illusion pour inculquer à tous, dès le plus jeune âge, le sens des nécessités économiques. Cela, certes, vaut bien mieux qu'instruire.

Mots ou expressions associés : compétences, éduquer à, formation, projet.

1. Alain Pleurdeau, directeur de l'IUFM des Pays de Loire, septembre 1998.

Interface 8 8 8 8

« Appelez l'inter ! »

(La demoiselle des PTT)

Emprunt au lexique de l'informatique, synonyme « branché » d'intermédiaire.

Nous estimons donc que le système éducatif doit continuer à jouer son rôle d'interface entre l'information et la connaissance, entre l'individu et la société, d'éducation donc[1].

L'accueil révèle la façon dont l'autre est perçu et met par conséquent l'accent sur l'interface élève / professeur[2].

Les CPE... sont de plus en plus perçus comme des membres de l'équipe de direction, dans une mission d'interface entre l'administration et l'équipe pédagogique, entre les familles et les élèves[3].

« Interface ! Interface ! Est-ce que j'ai une gueule d'interface ? » aurait répliqué Arletty.

Mots ou expressions associés : guide, guidance, médiateur.

1. Patrick Guihot, unité de recherche et de formation Éducation et distance de l'Institut national de la recherche pédagogique, *Cahiers millénaires*, n° 18, janvier 2000.

2. Rapport 1998 de l'IGEN, La Documentation française.

3. *Ibid.*

INTERLOCUTEURS DE PROXIMITÉ 8 8 8 8

> « Voici le nouveau sous-maître ! Celui-là ne ressemble pas aux autres ; c'est un bon sous-maître, que j'ai fait venir exprès, comme il en faut un pour des gueux de votre espèce. »
>
> (Erckmann-Chatrian)

Périphrase précieuse qui désigne les aides éducateurs, *60 000 jeunes, hier sans emploi* [1], recrutés à moindres frais et sans aucune garantie d'avenir, pour encadrer les élèves des établissements difficiles.

Interlocuteurs de proximité des élèves, les aides-éducateurs doivent aussi être associés à la mutation du collège [2].

Mots ou expressions associés : conduites à risques, drogue, lieux d'écoute, tuteur.

INTERVENANT 8 8 8 8

> « Ainsi certaines gens, faisant les empressés,
> S'introduisent dans les affaires... »
>
> (Jean de la Fontaine)

Dans le domaine du droit, l'intervenant est celui qui influence le déroulement d'un procès ou d'une affaire. Par

1. *Charte pour bâtir l'école du XXIe siècle*, document du ministère de l'Éducation nationale, de la Recherche et de la Technologie, 1999.
2. Ségolène Royal, *La Mutation des collèges*, *op. cit.*

extension, faire une intervention signifie couramment chercher à modifier le cours des choses.

À l'école, tour à tour substantif et participe présent, le mot « intervenant », comme le substantif « intervention », est utilisé lorsque des adultes, appartenant ou non à la communauté scolaire (dans ce dernier cas, on parle d'« intervenants extérieurs »), exercent une quelconque action auprès des élèves.

Un professeur coordonnateur par niveau... facilite les échanges entre les enseignants et d'autres personnes intervenant auprès des élèves : emplois-jeunes, surveillant, tuteur[1]...

Une heure [de vie de classe] est inscrite à l'emploi du temps des élèves... avec la possibilité d'interventions d'autres adultes : autres professeurs, conseiller principal d'éducation, conseiller d'orientation, psychologue, intervenants extérieurs[2]...

Chaque enseignant assume... la responsabilité pédagogique... y compris dans le cas de participation d'intervenants extérieurs à l'école[3].

Espaces et intervenants se multiplient, sous la conduite du pédagogue[4].

---

1. *Bulletin officiel*, n° 23, 10 juin 1999.
2. *Ibid.*
3. Décret n° 90-788 du 6 septembre 1990, art. 12.
4. *ÉduSarthe 2000*, supplément du *Bulletin de l'Éducation nationale de la Sarthe*, septembre 1999.

Très critiquées dans un rapport officiel sur l'école primaire, *les délégations abusives de compétences faites à des intervenants extérieurs* [1], sont cependant en passe de devenir la règle. *J'ai réussi à faire admettre qu'il y ait des intervenants extérieurs. J'en suis assez fier, car en fait on a brisé un tabou* [2], se vante même un ministre.

De ce fait, *l'enseignant se voit assigner un nouveau rôle. « Chef d'orchestre » à l'école primaire, on lui demande désormais de coordonner une équipe composée d'aides-éducateurs non formés et d'intervenants extérieurs, payés par les collectivités locales pour assurer les activités sportives et culturelles* [3].

Mots ou expressions associés : adulte-référent, coéducation, communauté scolaire, tuteur.

ITEM 8 8 8

> « Item, il avoit un aultre poche pleine de alun de plume… Item, en un aultre il avoit une petite guedoufle pleine de vieille huyle… »
> (François Rabelais)

En français, cet adverbe emprunté au latin signifie « également ». La langue anglaise, quant à elle, en a fait un substantif qui désigne un « article », un « point » à l'intérieur

1. Rapport de l'inspecteur général Jean Ferrier, septembre 1998.
2. Claude Allègre, *France-Soir*, 23 novembre 1999.
3. Sandrine Blanchard et Béatrice Gurrey, *Le Monde*, 11 février 1999.

d'un ensemble, acception dans laquelle la technique des sondages l'utilise depuis les années 1960.

À dater de 1992, des évaluations sont organisées par l'Éducation nationale, sous la responsabilité du Département de l'évaluation et de la prospective (DEP), dirigé par un ancien directeur de l'INSEE. Pour mesurer les compétences acquises par les élèves à différents niveaux de leur scolarité, elles proposent des batteries d'items. Les réponses à ces items donnent lieu à un savant codage et à une exploitation statistique destinée en théorie, à la mise en place d'une pédagogie « différenciée », dans le cadre de « modules » ou d'une « aide individualisée ».

L'exemple suivant, pris entre cent autres, permettra à tout un chacun de se faire une opinion sur la pertinence de ce « dispositif », fleuron de l'ingénierie éducative française : *Les résultats aux items 1 et 2 sur la composante* « Percevoir la spécificité générique et typologique d'un texte » *(65,3 % et 66,3 % de codes 9) montrent que, pour fonder les démarches de lecture méthodique et notamment la formulation d'hypothèses de lecture, il conviendra de travailler sur l'identification des genres et des types de textes de manière à sensibiliser les élèves à la complexité et à la diversité des combinaisons possibles* [1].

1. Document à l'attention du professeur, relatif à l'évaluation du français en seconde, septembre 1996.

Au cas où l'on n'aurait pas compris ce que sont les « items », en voici une définition donnée en ouverture d'un cahier d'exercices émanant du même service de l'Éducation nationale : *Ces items et composantes doivent être considérés comme des carrefours, des « nœuds » en totale interaction avec l'ensemble du « réseau » des compétences que cette banque d'exercices ne recouvre que partiellement.*

Le nombre des cahiers d'évaluation de mathématiques, de français, de langue vivante et d'histoire-géographie, ainsi que des cahiers d'exercices imprimés par la DEP depuis 1992, s'élève à ce jour à plusieurs dizaines de millions. Le coût de l'opération n'a pas été rendu public, pas plus que son bénéfice qui n'a pas encore été évalué par les évaluateurs.

Item ? Moi non plus.

Mots ou expressions associés : aide-individualisée, compétences, efficience, évaluation, ingénierie, modules, remédiation.

J

JEUNE 8 8 8 8

« Ah ! C'est beau la jeunesse. Toujours citer ces vers italiens, même sans les comprendre :
O Primavéra ! Gioventu dell'anno !
O Gioventu ! Primavéra della vita ! »
(Gustave Flaubert)

Substantif employé au singulier dans un sens quasi zoologique : « le jeune ».

Les professeurs… ne peuvent raisonnablement pas continuer à considérer que le jeune, porteur de tant d'affects et de contraintes, se mue lorsqu'il franchit le seuil de la classe en un être dénué de toute contingence… Dans l'agora qu'est tout établissement, il est moins important d'encadrer et de contrôler que… de contenir les dérives potentielles vers les conduites à risques pour le jeune lui-même et pour les autres[1].

Il va falloir apporter au jeune des connaissances sur son

1. Rapport 1998 de l'IGEN, La Documentation française.

environnement, l'aider à faire le point sur lui-même, ses goûts, sa personnalité et ses capacités [1].

Une politique de transformation du système éducatif… implique que le jeune en formation soit placé au centre des dispositifs éducatifs [2].

« Le jeune » est une espèce étrange devant laquelle « l'adulte » éprouve des sentiments mêlés, hésitant entre crainte et sollicitude. Ce qui le conduit, plus souvent qu'il ne le faudrait, à faire preuve de démagogie à l'égard des « jeunes » ou de la « jeunesse ».

Tout le monde, normalement, doit savoir écouter et se mettre à la disposition des jeunes [3].

Le gouvernement fait beaucoup pour la jeunessse, il veut l'aider, il lui fait confiance et c'est nouveau [4].

Mots ou expressions associés : adulte-référent, éducation à, interlocuteur de proximité, lieux d'écoute, tuteur, vie scolaire.

JOURNÉE 8 8 8 8

« Vienne la nuit, sonne l'heure
Les jours s'en vont, je demeure. »
(Guillaume Apollinaire)

1. Document du Service académique d'information et d'orientation de l'Académie de Nantes, 1995.

2. *L'évolution du métier enseignant*, document SGEN-CFDT, 1999.

3. G. Dupon-Lahitte, président de la Fédération des conseils de parents d'élèves, *France-Soir*, 22 janvier 2000

4. Claude Allègre, *Journal du dimanche*, 10 octobre 1999.

J

JOURNÉE

Substantif usité pour désigner un jour particulier, marqué par un événement important ou sortant de l'ordinaire (par exemple, journée portes ouvertes).

Les élections [au conseil de vie lycéenne]... doivent être l'occasion d'un apprentissage effectué dans de bonnes conditions. C'est pourquoi une journée citoyenne nationale sera organisée en début d'année scolaire[1].

La première génération de jeunes garçons, âgés de 17 et 18 ans, va être convoquée à partir du 3 octobre 1998 à la Journée d'appel de préparation à la défense... Il convient donc de leur proposer, au sein de l'établissement, une information spécifique[2]...

Quoi que l'on veuille lui faire dire, le mot « journée », employé ainsi, fait penser aux commémorations comme aux occasions de grandes mises en scène et de beaux simulacres...

Mots ou expressions associés : citoyenneté, sensibilisation.

1. *Un lycée pour le XXIe siècle, op. cit.*
2. *Bulletin officiel*, n° 8, 6 août 1998.

LEÇON 8

« Pourquoi me soutenir que tu sais ta leçon ? Tu vois bien que tu ne la sais pas ! »
(François Mauriac)

Le mot et la chose qu'il désigne sont proscrits.

La leçon, préconçue, se donnait à une classe entière. Le maître, ayant déterminé les éléments à inculquer, les exposait, suscitait des questions et y répondait, faisait mettre en pratique les notions à l'aide d'exercices. Il vérifiait ensuite, lors d'interrogations orales ou écrites, si elles étaient sues et comprises, s'assurant ainsi du travail de ses élèves comme de l'efficacité du sien, ce qui lui permettait d'ajuster le niveau de ses exigences d'une leçon à l'autre.

La pédagogie nouvelle accable cette pratique traditionnelle qu'elle considère comme le symbole de l'enseignement « magistral ». La leçon repose sur l'exercice, sur la répétition propre à tout entraînement, elle fait appel à la mémoire. Surtout, elle a l'audace de prétendre enseigner à l'élève ce que l'on attend qu'il sache.

Placé en « situation d'apprentissage », celui-ci doit au contraire mériter son titre d'« apprenant » et découvrir par lui-même, dans une démarche « heuristique », en tâtonnant, les connaissances et les notions que l'on souhaite lui faire acquérir. À tout hasard, un abrégé notionnel dogmatique lui est fourni, sans plus d'explication, auquel il pourra toujours recourir en désespoir de cause.

Argument de vente d'un manuel de français, très « tendance », où est exposée cette brillante méthode : *Comme vous pouvez le remarquer en feuilletant cet ouvrage, contrairement à la tradition de la « leçon », aucun chapitre ne commence par un texte support, ni par un exposé théorique : les notions sont mises progressivement en situation dans les textes et les exercices, de sorte que leur acquisition est le résultat d'une démarche active menée par l'élève, qui observe un fonctionnement, pour procéder ensuite à une identification, et non le résultat d'une transmission directe de connaissance… Les notions sont données en fin de chapitre, sous forme d'une « synthèse*[1] *».*

Mots ou expressions associés : autodidaxie, guide, médiateur, séquence, situation d'apprentissage.

LEVIER 8 8 8 8

> « Donnez-moi un levier et je soulèverai le monde. »
> (Archimède)

Emprunt au vocabulaire de la mécanique. Les réformateurs

---

1. Hélène Sabbah, présentation du manuel *Le Français méthodique au lycée*, Éditions Hatier, juin 1999.

de l'école utilisent volontiers ce substantif dans son sens figuré : ce qui sert à venir à bout d'une résistance.

En un mot, réussir les apprentissages en utilisant tous les leviers disponibles [1].

Je souhaite donc, en liaison avec les conseils régionaux, accélérer l'équipement informatique des établissements pour que chaque élève ait effectivement accès à ces technologies et que toutes les disciplines en fassent le levier de leurs apprentissages [2].

Tous ensemble ! Oh ! hisse !

Mots ou expressions associés : équipe, outils, TIC.

LIBERTAIRE 8

> « La propreté, c'est le viol. »
> (Paul Verlaine)

Au sens propre, l'adjectif est synonyme d'anarchiste. Sous la plume des technocrates du ministère de l'Éducation nationale, il stigmatise l'attitude de professeurs attachés à leur savoir disciplinaire et donc peu sensibles aux pressions de la hiérarchie.

Les rencontres que nous avons eues font apparaître d'autres types de tension : [...] entre un point de vue individuel, voire libertaire, fondé sur la prééminence du

1. Ségolène Royal, *Le Monde de l'éducation*, février 2000.
2. Ségolène Royal, *La Mutation des collèges*, *op. cit.*

savoir, et un point de vue hiérarchique justifié par les objectifs à atteindre[1]...

Ce point de vue individuel, qualifié de « libertaire », relèverait d'une conception « libérale » du métier.

Le manque d'harmonisation des pratiques s'explique sans doute par l'individualisme des enseignants, mais aussi par une certaine conception, libérale, de leur fonction[2].

En somme « libertaire » ou « libéral », c'est du pareil au même.

Dans la nuit de la pensée tous les mots sont gris.

Mots ou expressions associés : équipe, insularité, magistral, professionnalisation du métier, savoir, transdisciplinarité.

LIVRET 8 8 8 8

> « Jacques les voyait traverser la chaussée en biais, leur livret à la main, déjà seuls. »
> (Roger Martin du Gard)

Au traditionnel livret scolaire, s'est ajouté depuis 1992, à la maternelle et dans le primaire, un livret de compétences ou d'évaluation.

Créé dans le cadre de la réforme des cycles, le livret

1. Claude Pair, *Rapport sur la rénovation du service public de l'Éducation nationale*, février 1998.
2. Rapport 1998 de l'IGEN, La Documentation française.

d'évaluation suit l'évolution des compétences de l'élève, de la maternelle à la fin de l'école élémentaire[1].

De quoi est-il question ? D'accordéons en carton où sont répertoriées, à l'intérieur de grilles, une petite centaine de « compétences », comportementales, tranversales et disciplinaires, à faire acquérir, dès le cycle des apprentissages premiers, à nos chères têtes blondes.

Acquis, en voie d'acquisition, non acquis, les gestes les plus simples sont ici repérés et codés : le boutonnage du manteau, le laçage des chaussures, le zipage de la fermeture éclair, mais aussi la capacité – évaluée dès l'âge de deux ans et demi ! – à « manifester de l'aisance corporelle », à « argumenter une opinion », à « respecter la loi », à « exécuter une consigne », « à prendre des responsabilités au sein de la classe », à « formuler et à mener à bien un projet personnel ».

Cette évaluation précoce dessine un profil standard auquel chaque enfant doit se conformer. De quoi frémir : aucune place dans ces cases pour l'intériorité, le rêve, la lenteur ou l'ennui, l'originalité, le goût pour la solitude. Qui plus est, ces grilles induisent un regard totalitaire des adultes sur l'enfant, toujours épié, surveillé, évalué, empêché de s'écarter un tant soit peu de la norme.

Les maîtresses de maternelle et les instituteurs se sont tout de

1. *Le Guide de la rentrée 1999*, *op. cit.*

suite inquiétés des conséquences de telles pratiques qui, par ailleurs, troublent beaucoup de parents.

Nonobstant, il est prévu de mettre en usage au collège, en plus des bulletins trimestriels, *un livret des compétences qui suivra l'élève tout au long de sa scolarité : c'est à partir des compétences acquises et recensées dans ce livret que les conseils pour l'orientation seront donnés – et non, comme c'est trop souvent le cas, à partir des déficits*[1].

Autrement dit, ce ne sont plus seulement les résultats de l'élève, mais aussi le jugement porté sur sa personnalité, son comportement, son profil qui conditionneront son orientation. Comme le confirme une autre recommandation qui concerne les nouveaux livrets scolaires mis en place au collège à la rentrée 2000 : *Évaluer l'élève dans sa globalité, par la prise en compte de compétences autres que les performances scolaires – sens de l'initiative, autonomie, prise de responsabilité, travail fourni*[2]...

Mots ou expressions associés : compétences, évaluation, savoir, savoir-faire, savoir-être, tout au long de la vie.

---

1. *Le Collège des années 2000*, supplément au *Bulletin officiel* n° 23, 10 juin 1999.
2. *Ibid.*

Locuteurs natifs 8 8 8 8

« Tout y parlerait
À l'âme en secret
Sa douce langue natale. »
(Charles Baudelaire)

Traduction littérale de l'expression anglaise *native speakers*. Sont qualifiés de « locuteurs natifs » les étrangers, présents sur le sol français, qui sont recrutés par les services de l'Éducation nationale afin d'initier les élèves du primaire à la pratique de leur langue.

La généralisation progressive de l'enseignement des langues dans le cycle élémentaire a considérablement progressé. De 55 % à la rentrée de 1997, on est passé à 80 % de CM2 bénéficiant d'un tel enseignement à la rentrée 1998, en faisant appel à des assistants locuteurs natifs.

L'enseignement d'une langue vivante étrangère au CM2 sera dispensé par des personnels linguistes compétents ; enseignants du premier et du second degré, assistants étrangers et intervenants extérieurs agréés... rémunérés par les collectivités locales... D'autres intervenants (personnes bilingues, locuteurs natifs, diplômés d'universités étrangères, étudiants étrangers, étudiants français diplômés en langue vivante) pourront également être sollicités[1].

1. « Les nouveautés de la rentrée scolaire 1998 », site web du ministère de l'Éducation nationale, de la Recherche et de la Technologie.

Locuteurs natifs

On s'étonne que, à côté de « personnels linguistes compétents », il ait été envisagé d'en employer d'autres dont la seule compétence pour enseigner est de parler leur langue natale. L'expression « locuteurs natifs » trouverait-elle sa justification dans le fait que sa préciosité dissimule le recours à des personnes non qualifiées ?

Mots ou expressions associés : activités, décentralisation, intervenants extérieurs, partenaires.

M

MAGISTRAL 8

> « Est-ce que vous avez bientôt fini votre manège ? Est-ce vous qui faites le cours, ou moi ? »
> (Jules Vallès)

Adjectif dévalorisant. Sert, dans le discours « pédagogiquement correct », à discréditer le cours et, du même mouvement, la leçon qui se donne devant une classe ; aujourd'hui, l'élève doit tout découvrir par lui-même, tandis que le rôle de l'enseignant consiste à accompagner cette recherche.

Une pédagogie uniquement magistrale ne développe pas chez les élèves la nécessaire autonomie et l'apprentissage de l'innovation, et celle-ci a des chances plus grandes d'être inefficace, tout simplement parce que n'est pas magistral qui veut et que ce type de pratique attire souvent ceux qui sont le moins capables de l'exercer[1].

Sortir de l'exclusivité de la parole magistrale pour promouvoir le « libre examen » par l'accès à des sources documentaires diversifiées... prouver par la recherche et l'expérimentation collective que la vérité d'une parole ne se mesure pas au statut de celui qui l'énonce, fût-il enseignant[2].

Dans un enseignement individualisé, plus de maître, plus de parole professorale, partant plus de cours ni de leçon ; à chacun sa « vérité » dans l'autonomie de l'ignorance !

Mots ou expressions associés : acteur-auteur, apprendre à apprendre, autodidaxie, autonomie, frontal, guide, individualisation, leçon, médiateur, situation d'apprentissage.

MAILLON FAIBLE 8 8 8 8

« Si li fet le hiaume voler
Del chief et cheoir la vantaille. »
(Chrétien de Troyes)

Métaphore usitée pour exprimer l'affaiblissement – le risque de rupture ? – d'un élément du système scolaire.

En 1998, un sociologue chargé par la ministre en poste

1. Claude Thélot et Philippe Joutard, *Réussir l'école*, *op. cit.*
2. Philippe Meirieu, *Libération*, 4 mars 1999.

« d'expertiser » le fonctionnement du collège a qualifié ce dernier de *maillon faible*[1] du système éducatif.

« Maillon faible », hier, le collège devait faire sa « mutation ». « Maillon faible », aujourd'hui, le lycée appelle des réformes urgentes :

Depuis quelques années, il y a une tension au lycée... devenu un lycée de masse[2].

C'est au lycée que le choc a été le plus rude. Très rude[3].

Mots ou expressions associés : hétérogénéité, mutation, nouveaux publics.

MALLETTE PÉDAGOGIQUE 8 8 8

> « Et, autour de la taille, elle portait une cartouchière verte en pseudo-maroquin à garniture d'argent, bourrée (car Lénina n'était pas une neutre) de préservatifs. »
> (Aldous Huxley)

Une « mallette » est une petite valise, comme celle que les représentants de commerce utilisent pour présenter leurs produits. S'inspirant de cet exemple, l'administration, toujours soucieuse de faciliter la tâche des professeurs, particulièrement dans la prévention des conduites à risques, a annoncé qu'elle allait leur distribuer des « mallettes pédagogiques ».

Le conseil général a décidé d'organiser un débat avant

---

1. L'expression est de François Dubet.
2. Claude Allègre, *France-Soir*, 23 novembre 1999.
3. Claude Allègre, *Le Nouvel Observateur*, 3-9 septembre 1998.

de remettre aux soixante-dix-huit principaux des collèges sarthois une mallette d'information contre le dopage. Elle comprend un kit complet pour réaliser une conférence sur les dangers de ce fléau [1].

Les classes de quatrième et troisième intègrent l'éducation à la sexualité. Une mallette pédagogique sera diffusée à tous les collèges [2].

Dans ce dernier domaine, le ministère s'est laissé gagner de vitesse. La palme de l'innovation en matière de kit pédagogique revient au « manège enchanté » auquel Christophe Dechavanne a assuré, sur les ondes de la radio, une renommée nationale. Sorte de présentoir à saucissons, ce carrousel initiatique autant qu'ithyphallique, pourvu de godemichets de différentes couleurs, permet aux collégiens et aux collégiennes de s'exercer à dérouler des capotes, elles aussi multicolores. Il n'existe rien de mieux pour cet étrange enseignement que l'on appelle l'*éducation préventive à la sexualité* [3].

Mots et expressions associés : conduites à risques, éducation à.

MAMMOUTH 8 8 8 8

« Ces beuglements… ne m'épouvantaient pas comme auraient pu faire, à une époque de la préhistoire, les cris

1. *La Tribune de la Sarthe*, magazine du conseil général, n° 62, décembre 1999.
2. Supplément au *Bulletin officiel* n° 23, 10 juin 1999.
3. *La Mutation des collèges*, *op. cit.*

poussés par un mammouth voisin dans sa promenade libre et désordonnée. »

(Marcel Proust)

Nom d'origine russe d'un mammifère préhistorique de grande taille victime des glaciations de l'ère quaternaire. Utilisé en apposition, le mot signifie « de grande dimension ». Le *Dictionnaire des mots contemporains* du Robert relève les expressions « avion mammouth », « navire mammouth ».

Un ministre a voulu *dégraisser le mammouth* de l'Éducation nationale. Il restera dans la chronique pour cette double métaphore assimilant l'École à un fossile et ses personnels à de la mauvaise graisse.

Mots ou expressions associés : coût-efficacité, déconcentration, efficience, management.

MANAGEMENT 8 8 8 8

« Ma petite entreprise
Connaît pas la crise. »
(Alain Bashung)

Anglicisme accepté en 1969 par l'Académie, sous réserve qu'il soit prononcé « à la française ». Le mot désigne un mode de gestion « à l'américaine » des entreprises. Son introduction dans les textes de l'Éducation nationale, au cours de la dernière décennie, traduit la volonté de gérer désormais celle-ci selon les méthodes du secteur privé. Synonyme : « pilotage » (voir ce mot).

La gestion prévisionnelle des besoins concourt au « management de qualité » prôné par le recteur de Paris dont les services gèrent près de 30 000 personnes... Nous allons aussi monter, en 2000, des formations d'aide au management pour les chefs d'établissement, les gestionnaires ainsi que les chefs de division du rectorat [1].

Il est temps d'aller [vers] le management par le sens [2].

Les dérivés « manager » et « managérial » sont, eux aussi, couramment employés, y compris dans le domaine de la pédagogie.

Explorer et exploiter ces possibilités de progrès demande de ne pas raisonner exclusivement en termes de moyens, quantitativement, mais de progresser qualitativement sur les pratiques de tous ordres du système éducatif – pédagogiques, managériales... ce qui suppose de se focaliser au plus près des acteurs et des lieux où se réalise l'acte éducatif [3].

Il faudrait d'abord beaucoup développer l'évaluation des pratiques éducatives, c'est-à-dire pédagogiques dans les classes, et managériales dans les établissements [4].

---

1. Bernadette Guyard, directrice des ressources humaines à l'académie de Paris, *XXIe Siècle*, décembre 1999.
2. Claude Pair, *Rapport sur la rénovation du service public de l'Éducation nationale*, février 1998.
3. *L'État de l'école*, n° 7, Division de l'évaluation et de la prospective (DEP), octobre 1997.
4. Claude Thélot et Philippe Joutard, *Réussir l'école*, *op. cit.*

Le recteur... est devenu un « manager éducatif[1] ».

Et c'est, par l'organisation des rôles confiés aux élèves, une fonction véritable de manager qui s'impose à tout enseignant, cadre essentiel de la société postindustrielle[2].

Mais le fonctionnement des ZEP, que ce soit au niveau des problèmes de pilotage, de la mobilisation des acteurs ou du contenu des actions, est aussi révélateur des difficultés du passage d'un modèle organisationnel, fondé sur la conformité aux normes, à un autre fondé sur l'obligation des résulats, et d'un état bureaucratique à un état managérial[3].

Portés par cette vague managériale, certains n'hésitent plus à appliquer aux élèves et à l'école des calculs de rentabilité.

Depuis une vingtaine d'années le coût moyen d'un élève a, une fois éliminée la hausse des prix, augmenté de 2,4 % par an (c'est-à-dire qu'il a été multiplié par 1,7) ; sur à peu près la même période, les connaissances des élèves ont sans doute progressé d'environ 0,6 % par an, l'efficacité de la préparation à la vie professionnelle aurait crû de 0,2 %

1. *XXIe Siècle*, juillet 1999.

2. André de Péretti, fondateur de la Mission d'action pour la formation des personnels de l'Éducation nationale (MAFPEN), *Cahiers pédagogiques*, supplément n° 3, octobre-novembre 1997.

3. Emmanuel Peignard et Agnès van Zanten, CNRS, université Paris V, « Le système éducatif », *Cahiers français*, n° 285, mars-avril 1998.

par an, enfin les inégalités globales (mêlant inégalités sociales et géographiques) se sont réduites de 2,9 % par an[1].

Que d'« à peu près », de « sans doute » et de conditionnels ! Le « management éducatif » a encore des progrès à faire.

Mots ou expressions associés : efficience, coaching, coût-efficacité, pilotage, ressources humaines.

MASSIFICATION 8 8 8

« C'est la vraie marche. En avant, route ! »
(Arthur Rimbaud)

S'oppose à démocratisation (accession du plus grand nombre à la culture).

Selon *Le Petit Larousse*, édition 1995, la massification est l'« adaptation d'un phénomène à la masse, au grand nombre par suppression des caractères différenciés qu'il présentait ».

La massification de l'enseignement secondaire, par l'instauration du collège unique et la suppression des filières, correspond strictement à cette définition.

Que cette solution se soit imposée à la place de la démocratisation entraîne d'amusantes contorsions de plume :

La massification a engendré une démocratisation « absolue » du système scolaire... Mais cette démocratisation reste « relative » car les écarts de répartition des élèves

1. Claude Thélot et Philippe Joutard, *Réussir l'école*, *op. cit.*

et des étudiants entre les diverses filières ne sont guère réduits[1].

Ou l'expression de regrets :

C'est une massification mal traitée et dont on n'a guère assumé les conséquences, qui a rendu, dans un certain nombre de cas et de circonstances, le travail de l'enseignant très difficile[2].

Par ailleurs, les responsables de la massification, sans égard pour le sens des mots, recommandent de mettre en œuvre, dans cette école « massifiée », une « individualisation » de l'enseignement : ils prônent les vertus d'une pédagogie « différenciée » dans une institution dont ils ont supprimé « les caractères différenciés » !

Mais, au fait, pourquoi a-t-on renoncé à « démocratiser » pour « massifier » ?

La massification permet des économies d'échelle, la démocratisation de l'enseignement ne peut se faire qu'à coût (individuel) croissant[3].

Mots ou expressions associés : acteur-auteur, individualisation, nouveaux publics, pédagogie différenciée, projet, remédiation.

1. François Dubet, *Cahiers français*, n° 285, mars-avril 1998.
2. Claude Thélot et Philippe Joutard, *Réussir l'école*, *op. cit.*
3. Pierre Bourdieu et Christophe Charle, *Le Monde*, 8 avril 2000.

MÉDIATEUR 8 8 8 8

« *Ne medius ex tribus foret.* »
(Salluste)

L'enseignant est appelé à se reconvertir, pour devenir un médiateur *dont le rôle n'est pas tant de transmettre des savoirs, que de permettre que s'instaure une relation dynamique entre apprenant et objet d'apprentissage quel qu'il soit, savoir, code ou signification* [1].

Cette mutation du métier suppose *un changement dans les conceptions de l'acte d'apprendre... L'enseignant assure la médiation entre l'élève et les connaissances nouvelles en provoquant des questionnements (ce que les pédagogues appellent des « objectifs-obstacles »), en créant des « situations-problèmes » adaptées au niveau de l'élève, en le guidant dans cette démarche de déconstruction-reconstruction par une attention particulière aux difficultés de chacun (pédagogie différenciée* [2]*).*

Il ressort de ce que l'on vient de lire que le « médiateur » est en quelque sorte un « médium » qui, grâce à son fluide, et par des incantations parfaitement incompréhensibles au commun des mortels, met les élèves en communication avec le monde de l'esprit.

Mots ou expression associés : accompagnateur, apprenant,

---

1. Annie Cardinet, *Cahiers pédagogiques*, n° 362, mars 1998.
2. *Sciences humaines*, hors-série n° 24, mars-avril 1999.

cognitivisme, guide, individualisation, pédagogie différenciée, professionnalisation du métier, représentations, situations-problèmes.

MÉMORISATION 8

> « Tes maîtres ne t'ont rien fait apprendre par cœur. Tu as beau gratter ta mémoire, tu n'y trouves que toi. »
> (Paul Guth)

Substantif dévalorisé. Les exercices de mémorisation ne sont plus prescrits, sauf exception rarissime, par les instructions officielles. La mémorisation, assimilée au fait d'apprendre par cœur, est critiquée de toutes parts comme étant une activité peu formatrice, répétitive, conduisant à une « régurgitation » de connaissances « empilées ».

Il faut... réduire le temps consacré à la répétition et à la mémorisation [1].

Que l'on compare le degré de difficulté qui peut séparer le fait d'avoir à reproduire par cœur une leçon d'histoire, et celui d'avoir à analyser, traiter, synthétiser des données nouvelles sur le moment [2].

L'Inspection générale, avec l'ingénuité dont elle sait parfois

1. Daniel Le Bret et Monique Vuaillat, secrétaires généraux de la Fédération syndicale unitaire (FSU), *Le Monde*, 17 septembre 1999.

2. Samuel Joshua, professeur en sciences de l'éducation à l'université de Provence, *Le Monde*, 24 mars 1999.

faire preuve, rappelle cependant dans son rapport 1998 que *nous savons très peu de choses du fonctionnement de la mémoire ou du moins rien de directement utilisable. Il est toutefois certain que l'élève n'empile pas les mots les uns sur les autres ; ce qu'il apprend fait l'objet d'une structuration* [1]. Jean Ferrier, inspecteur général chargé par un ministre d'une étude sur l'enseignement élémentaire, va même jusqu'à préconiser de *réhabiliter les révisions et travailler ainsi à organiser la mémoire à long terme* [2].

Il paraît en effet difficile d'apprendre quelque chose sans le comprendre un tant soit peu, et inversement, de comprendre ce que l'on ignore parce que l'on ne s'est pas donné la peine de le retenir.

Mots ou expressions associés : apprendre, mémoire, restitution, régurgitation.

MÉTHODES 8 8 8 8

> « Il n'y a pas de méthodes faciles pour apprendre les choses difficiles. L'unique méthode est de fermer sa porte, de faire dire qu'on n'y est pas, et de travailler. »
> (Joseph de Maistre)

Substantif fétiche de la nouvelle pédagogie. Les

1. Rapport 1998 de l'IGEN, La Documentation française.
2. Rapport Ferrier, septembre 1998.

« méthodes », ou encore la « méthodologie », doivent permettre à tout un chacun d'apprendre à apprendre « tout au long de la vie » (voir cette expression).

Priorité à la construction de méthodes pour permettre au sujet de s'approprier les connaissances. La plupart des recherches pédagogiques actuelles partagent cette conception de l'apprentissage[1].

Dans l'éducation de base, il convient de trouver un bon équilibre entre l'acquisition des savoirs et les compétences méthodologiques qui permettent d'apprendre soi-même. Ce sont celles-ci qu'il convient aujourd'hui de développer[2].

Il faut toutefois distinguer bonnes et mauvaises méthodes : *La méthode traditionnelle est celle issue de la pratique religieuse, c'est le prêtre qui décerne son savoir et le disciple qui apprend. Maintenant c'est l'interaction. La volonté des élèves n'est pas seulement d'écouter, c'est de poser des questions, c'est d'inter-réagir. Et c'est la plus grande difficulté pour les professeurs*[3].

Mots ou expressions associés : apprendre à apprendre, autonomie, pédagogie, savoir-faire, tout au long de la vie.

---

1. Martine Fournier, *Sciences humaines*, n° 98, octobre 1998.
2. *Livre blanc sur l'éducation*, Commission européenne, 1995.
3. Claude Allègre, *Le Monde*, 24 novembre 1999.

MÉTIER 8 8 8 8

« Il n'est point de sot métier. »
(Proverbe)

Synonyme de profession, utilisé comme déterminatif aussi bien devant « parent » ou « élève » que devant « professeur ».

Aider l'élève de manière efficace, lui faciliter l'exercice de son métier d'élève, c'est améliorer les relations, développer l'efficience[1]...

Il ne suffit plus que les divers acteurs jouent leur rôle, ils doivent être « motivés », ils doivent s'engager dans leur « métier » d'élève, de professeur ou de parent[2].

Ne serait-il pas envisageable de rémunérer élèves et parents, comme le sont déjà les professeurs, afin de les motiver davantage dans l'exercice de leur « métier » ? Il y a là, sans doute, une piste à explorer dans la recherche de l'« efficience ».

Mots ou expressions associés : acteur, professionnalisation du métier.

MIXITÉ SOCIALE 8 8 8 8

« Nouveau western... »
(MC Solar)

1. Rapport 1998 de l'IGEN, La Documentation française.
2. François Dubet, *École, familles : le malentendu*, Textuel, 1997.

Mixité sociale

Expression synonyme de brassage des cultures, des milieux, des classes.

La mixité sociale à l'école serait, d'après les idéologues nouvelle tendance, le moyen de *résister à la babélisation de la société et à l'apartheid scolaire* [1]. Faute d'un réaménagement de la carte scolaire, ils prédisent l'affrontement de *communautés qui se lèvent les unes contre les autres* [2].

En effet, disent-ils encore, *telle qu'elle est organisée, on n'a pas une école de la mixité sociale, puisque l'école non seulement entérine les clivages géographiques, mais que beaucoup de gens se débrouillent pour truquer la carte scolaire et pour, même s'ils sont habitants de Seine-Saint-Denis, scolariser, s'ils en ont les moyens, leur enfant à Henri-IV, de manière à se trouver entre gens bien, qui lisent* Le Monde *et* Télérama, *et à ne pas fréquenter ceux qui pourraient, d'une certaine manière, nous donner de mauvaises influences* [3].

La modification de la carte scolaire serait donc aujourd'hui à même de brasser des populations d'élèves de toutes origines, et de réduire, bien mieux que l'instruction publique, les inégalités sociales.

Pierre Dac suggérait jadis de déplacer les villes à la campagne, et vice-versa... Pourquoi, en effet, ne pas

---

1. Philippe Meirieu, *Cahiers pédagogiques*, supplément n° 3, octobre-novembre 1997.
2. Déclaration de Philippe Meirieu, « Ça se discute », France 2, avril 1998.
3. *Ibid.*

déménager les banlieues au centre des villes et les beaux quartiers parisiens à Gennevilliers ?

Mots ou expressions associés : discrimination positive, pôles d'excellence, hétérogénéité, nouveaux publics, ZEP.

MODÉLISER LE RÉEL 8 8 8 8

> « Paf, paf, et paf ! Voilà comment cela se beurre, jeune homme ! »
> (Honoré de Balzac)

Expression empruntée aux lexiques de l'informatique et de l'économie pour exprimer le but d'un enseignement moderne.

De quoi un élève a-t-il besoin pour réussir au lycée ? D'accéder à l'abstraction, de modéliser le réel à partir des situations, documents, problèmes qui lui sont soumis dans les différentes disciplines [1].

Cette conception de l'apprentissage est encore trop neuve pour avoir produit tous ses effets, qui seront certainement merveilleux.

Mots ou expressions associés : cognitivisme, méthodes, représentations, situations-problèmes.

---

1. Note des inspecteurs académiques et des inspecteurs pédagogiques régionaux de l'académie de Nantes, concernant la mise en place de l'aide individualisée en classe de seconde, 1er septembre 1999.

Modéliser le réel

MODULE 88

« Ah ! Gudule ! viens m'embrasser et je te donnerai un frigidaire, un joli scooter, un atomixeur et du dunlopillo… »

(Boris Vian).

Stricto sensu, un module est un élément combinable avec d'autres. Le terme se rencontre dans des domaines aussi variés que l'architecture, l'aménagement intérieur, les transports, la recherche spatiale, etc.

À l'université et dans le domaine de la formation continue,

les modules, ou unités de valeur, permettent de composer des parcours d'études personnalisés.

Dans l'enseignement secondaire, ce substantif désigne les heures de « remédiation » (voir ce mot), mises en place dans les classes de seconde à la rentrée 1992. Ces modules réunissent des élèves dans des groupes à géométrie variable constitués en fonction de « besoins » constamment évalués. Quatre disciplines, le français, les mathématiques, l'histoire-géographie et la langue vivante 1, sont concernées par ce dispositif. Son objectif : faire face à l'hétérogénéité des élèves, *cerner au plus près l'évolution de leurs besoins et leur proposer, dans le cadre des modules, des réponses adaptées* [1], par la pratique d'une « pédagogie "différenciée" autant que "remédiatrice" ».

Présenté au départ comme une panacée, l'enseignement modulaire semble aujourd'hui en voie d'extinction. Huit ans après son lancement, il est passé d'une séance hebdomadaire à une heure par quinzaine. Il a en outre fallu trouver une place dans les emplois du temps déjà surchargés des élèves pour les nouveaux « dispositifs » de « remédiation » ou d'« éducation à », apparus en 1999 : heures de vie de classe, éducation civique, juridique et sociale, aide individualisée, etc.

Mots ou expressions associés : aide individualisée, besoins,

1. Claude Thélot et Alain Boissinot, *Aide à l'évaluation*, Direction de l'évaluation et de la prospective, 1997.

cahiers d'évaluation, compétences, hétérogénéité, pédagogie différenciée, remédiation.

Mutation 8 8 8 8

> « Qui fait cette mutacion ?
> Lucifer, roy des ennemis,
> Vous hurlez comme ung lou famis... »
> (Arnould Gréban)

Synonyme très polysémique de transformation. S'impose de plus en plus souvent dans la littérature officielle à la place du mot « réforme ».

Pour réussir la mutation du collège, certaines rigidités doivent tomber [1]...

La démonstration que la mutation est possible vient de l'Université où le nombre d'étudiants a été multiplié par sept en vingt ans... Les professeurs du supérieur ont déjà trouvé les solutions. C'est maintenant au tour de leurs collègues du secondaire de transformer eux-mêmes leurs pratiques [2].

Certains professeurs, une minorité, n'acceptent pas cette mutation, ils craignent l'abandon d'un certain élitisme [3].

Les quinze axes de la politique académique de formation des personnels du premier degré ont été répartis sous deux

1. Ségolène Royal, Présentation de la réforme des collèges, 25 mai 1999.
2. Claude Allègre, *Le Nouvel Observateur*, 3-9 septembre 1998.
3. Claude Allègre, *France-Soir*, 23 novembre 1999.

entrées : faire mieux fonctionner le service public ; accompagner les enseignants dans leur mutation professionnelle[1].

Le mot « mutation » possède un avantage évident sur celui de « réforme » : il présente comme fatales et imprévisibles des mesures qui procèdent en réalité de choix politiques et idéologiques.

Il n'est toutefois pas certain que les enseignants, puisque c'est d'eux qu'il est essentiellement question, déjà réputés rétifs à la réforme, acceptent plus aisément de devenir des « mutants ».

Mots ou expressions associés : IUFM, professionnalisation du métier, réforme, rénovation, TIC, XXIe siècle.

MUTUALISER 8 8 8 8

> « Si tous les gars du monde
> Voulaient se donner la main… »
> (Paul Fort)

Le *Petit Larousse* définit ainsi ce verbe transitif affectionné par les réformateurs : « Faire passer (un risque, une dépense) à la charge d'une mutualité, d'une collectivité. »

On trouve également, usité dans le même sens, le néologisme « mutualisation ».

---

1. Direction académique de la formation des personnels de l'Éducation nationale, académie de Versailles, 23 novembre 1999.

« Mutualiser » les initiatives et les moyens des établissements[1].

Favoriser la mutualisation des pratiques[2].

Les réseaux d'éducation prioritaire (REP) regroupent des établissements et des écoles situés dans des secteurs défavorisés en raison de leur environnement social, économique et culturel. Ces établissements mutualisent leurs ressources pédagogiques et éducatives, ainsi que leurs innovations, au service de la réussite scolaire des élèves[3].

Les mots « mutualisation » et « mutualiser » fleurent bon l'esprit mutualiste, la solidarité. On doit cependant faire confiance au dictionnaire et ne pas se laisser abuser par leurs connotations positives : au sens propre, ils définissent un mode de gestion qui permet de faire des « économies d'échelle », en l'occurrence en partageant les « ressources pédagogiques et éducatives », c'est-à-dire les personnels.

Mots ou expressions associés : bassin, coût-efficacité, efficience, ressources humaines.

1. Claude Pair, *Rapport sur la rénovation du service public de l'Éducation nationale*, février 1998.
2. Ségolène Royal, *Le Monde de l'éducation*, février 2000.
3. *XXIe Siècle*, décembre 1999.

Niveau 8 8

« Ils montent, épiant l'échelle où se mesure
L'audace du voyage au déclin du mercure… »
(Sully Prudhomme)

Terme de géométrie ou de maçonnerie, usité par des sociologues désireux de mesurer et de comparer sur plusieurs décennies les connaissances des enfants scolarisés.

Les premiers à s'être risqués, il y a quelques années, dans cette vaste entreprise, y ont gagné une certaine célébrité en démontrant par de savantes études que ce niveau avait monté. Les « métrologues » actuels sont plus nuancés, comme le montre la citation suivante.

D'abord le niveau global des connaissances des jeunes s'est élevé… cela n'empêche pas qu'à très court terme apparaît une certaine baisse : depuis deux ou trois ans, en effet, les compétences moyennes des élèves qui entrent en sixième se dégradent… Un tel diagnostic est grave… les « meilleurs » depuis vingt-cinq ans ont peu progressé… tandis que les « plus mauvais » ont davantage progressé, devenant moins mauvais… L'interprétation de cette évolution est délicate… La baisse récente de la maîtrise des opérations sur les nombres entiers, à l'issue de l'école primaire, nous inquiète... Les dernières évaluations tendent à montrer que [la] maîtrise [de la langue] fléchit depuis deux ou trois années, même si elle n'est pas moins bonne qu'il y a trente ans[1].

Loin d'attester que le niveau baisse, ces lacunes, qui sont dénoncées alors même qu'un effort considérable est collectivement consenti en matière d'éducation, sont simplement les indices d'un bouleversement sans précédent dans la formation scolaire des individus... Alors même que la formation intellectuelle des enfants n'a jamais été aussi poussée, un observateur extérieur, sur la foi de connaissances factuelles fragilement assimilées par les élèves, pourrait conclure à la faillite de notre système scolaire[2].

Mais non, mais non...

Mots ou expressions associés : évaluation, fondamentaux, hétérogénéité, nouveaux publics.

NOUVEAUX PUBLICS 8 8 8 8

« Se trouvaient assis des deux côtés les grands, tout crasseux, déguenillés, les vestes et les pantalons percés aux

1. Philippe Joutard et Claude Thélot, *Réussir l'école*, *op. cit.*

2. Patrick Bodineau, conseiller pédagogique à Madagascar, *Cahiers pédagogiques*, n° 354, mai 1997.

coudes et aux genoux, quelques-uns en sabots, d'autres pieds nus comme des vrais sauvages. »
(Erckmann-Chatrian)

Périphrase assimilant à un « auditoire » les jeunes gens qui, jadis, étaient « parqués » dans des filières dévaluées, également appelées « voies de garage », ou entraient précocement dans la « vie active », et qui, depuis la « massification » de l'enseignement secondaire, sont admis à rester sur les bancs du collège et du lycée.

Selon le père de la formule, un sociologue chargé par la ministre en poste en 1998 d'« auditer » le fonctionnement du collège unique, les problèmes posés par les « nouveaux publics » appellent des révisions pédagogiques urgentes.

Les nouveaux publics scolaires sont culturellement et socialement plus éloignés du monde scolaire que ne l'étaient les héritiers et les boursiers... ils déstabilisent profondément les routines pédagogiques les mieux établies[1].

Un esprit simple aurait plutôt conclu que c'est en s'appuyant sur les pratiques les mieux établies que l'on pourrait instruire ces « nouveaux publics » qui, autant et même plus que d'autres, méritent un enseignement rigoureux. Mais les esprits

1. François Dubet, *Les Cahiers français*, n° 285, mars-avril 1998.

Nouveaux publics

simples ne partagent guère le goût pour l'expérimentation qui caractérise nos modernes pédagogues…

Mots ou expressions associés : hétérogénéité, pédagogie différenciée, projet, remédiation.

ORTHOGRAPHE 8

> « Y croire comme aux mathématiques. N'est pas nécessaire quand on a du style. »
> (Gustave Flaubert.)

Substantif dévalorisé. Faut-il continuer à enseigner l'orthographe qui, selon beaucoup d'experts en sciences de l'éducation, étouffe la créativité ?

Certains le pensent : *les mécanismes du français, l'orthographe elle-même, en dépit de son côté conventionnel… doivent être mieux enseignés* [1]. D'autres ont tendance à abdiquer devant la difficulté : *À l'élève qui écrit avec une*

1. Philippe Joutard et Claude Thélot, *Réussir l'école*, *op. cit.*

orthographe déplorable, il est évidemment inutile de refaire faire des dictées et des leçons de grammaire [1].

D'autres encore s'inquiètent de l'orthographe des futurs enseignants en lettres : *en orthographe ou en grammaire, le niveau de certains étudiants est consternant* [2].

Le recul de l'enseignement de l'orthographe semble être, en tout état de cause, inéluctable. Pour s'en convaincre, il suffit de comparer l'évolution des instructions officielles sur le sujet. Le 10 mars 1944, une circulaire ministérielle adressée aux présidents des jurys du bac précisait : *Il est impossible de ne pas considérer cette ignorance [de l'orthographe] comme le signe révélateur d'une ignorance générale.* En 1997, les programmes du cycle central (5e, 4e) stipulent, à propos de la correction des dictées, que *l'évaluation cherche à valoriser les graphies correctes plutôt qu'à sanctionner les erreurs.*

O tempora, o mores…

Mots ou expressions associés : dictée, erreur, évaluation, faute.

OUTIL 8 8 8 8

> « L'ensemble se composait d'une sorte de meule qui, actionnée par une pédale, pouvait mettre en

1. Inspection pédagogique régionale de l'académie de Nantes, 1er septembre 1999.

2. Arlette Toussaint, professeur à l'IUFM de Versailles, *Le Monde de l'éducation*, septembre 1998.

mouvement tout un système de roues, de bielles, de leviers et de ressorts... »
(Raymond Roussel)

Substantif utilisé dans un sens métaphorique. Dans le langage prescrit, le mot ne désigne nullement un instrument manuel, mais un ou des dispositifs, une panoplie de méthodes, ou encore des moyens informatiques dont l'usage modifie l'acte d'enseigner et transforme l'enseignant en mécanicien de la pédagogie.

Faire de l'évaluation l'outil pédagogique d'une véritable formation individualisée qui doit rendre chaque élève acteur de sa formation[1].

En complément des trois opérations nationales d'évaluation des acquis des élèves, ajoutons que la DEP a élaboré parallèlement et diffusé au printemps 1992 une « banque d'outils »... en français et en mathématiques[2].

On a pu constater que les nouvelles technologies de l'information et de la communication répondent à la plupart des objectifs du système éducatif puisqu'elles permettent d'élaborer des outils diversifiés et transférables (télé-enseignement, logiciels...), de prendre en compte

1. Rapport 1998 de l'IGEN, La Documentation française.
2. François Louis, « Qu'attendent les pays développés de leurs systèmes éducatifs ? », conférence OCDE-European Investment Bank, Luxembourg, 16-17 novembre 1998.

l'hétérogénéité des élèves et de favoriser leur autonomie dans l'accès à l'information [1].

Mots ou expressions associés : didacticiel, levier, mallette pédagogique, technologies de l'information et de la communication (TIC).

PARCOURS 8 8 8 8

« Ce petit chemin qui sent la noisette… »
(Mireille et Jean Nohain)

Substantif associé à l'adjectif « diversifié » dans une expression que l'on pourrait traduire par « tous les chemins mènent à Rome » et qui désigne les « détours » pédagogiques grâce auxquels l'élève en difficulté est censé pouvoir « recoller » au peloton.

Les parcours diversifiés sont des moments d'enseignement qui ont pour finalité de permettre à chaque élève d'atteindre les objectifs d'apprentissage du cycle central

1. *XXIe Siècle*, juin 1998.

(classes de 5e et de 4e) *par des approches pédagogiques différenciées. Ils sont fondés sur les centres d'intérêt et les besoins des élèves qui choisissent celui ou ceux auxquels ils souhaitent participer*[1].

Les horaires des disciplines, en 5e et 4e, sont fixés sous forme de fourchette… on pourra ainsi dégager une à deux heures par semaine pour « les parcours diversifiés », on peut regrouper des élèves de plusieurs classes, travailler sur un projet, choisir la disciplinarité ou la transversalité[2].

Les parcours « différenciés » font partie de ces nombreux palliatifs imaginés pour répondre aux problèmes posés par l'hétérogénéité des élèves rassemblés dans les classes « indifférenciées » du collège « unique ».

Fait rare, leur efficacité a été testée : *En juin 1998, une enquête a été réalisée auprès de 3 000 professeurs sur le fonctionnement actuel du collège, trois ans après le début de la rénovation… Ils considèrent que les parcours valorisent les points forts des élèves, leur apprennent l'autonomie, mais ont peu d'impact sur leurs résultats scolaires*[3].

Ce constat d'échec n'a, bien entendu, pas remis en cause le dispositif.

---

1. Note d'information, Direction de la prospective et du développement, ministère de l'Éducation nationale, de la Recherche et de la Technologie, janvier 1999.

2. *Bulletin officiel*, janvier 1996.

3. Note d'information, Direction de la prospective et du développement, ministère de l'Éducation nationale, de la Recherche et de la Technologie, janvier 1999.

Mots ou expressions associés : autonomie, hétérogénéité, individualisation, nouveaux publics, pédagogie différenciée, pédagogie du détour, remédiation, réussite.

Partenariat 8 8 8 8

> « Il lui arrivait... de s'aviser néanmoins que sa partenaire n'avait pas dû prendre beaucoup de plaisir. »
> (Jules Romain)

Néologisme formé sur le mot « partenaire », dérivé de l'anglais *partner*, lui-même hérité de l'ancien français *parçuner* (« associé »).

Le terme « partenariat », dont l'emploi est devenu courant dans le domaine du sponsoring et de manière plus générale dans la sphère productive, désigne une relation d'échange entre des personnes ou des groupes concernés par la réalisation d'un « projet », étant entendu que chacun doit y trouver un intérêt, essentiellement financier.

L'Éducation nationale recourt aujourd'hui à de nombreux partenariats.

Le service [de l'école] est à définir avec ceux qui en bénéficient : élèves « au centre du système », acteurs de leur formation ; parents, dont la loi prévoit qu'ils sont aussi « membres de la communauté éducative » – cette expression signifie que si la relation avec eux n'est pas du type fournisseur-client, elle est de l'ordre du partenariat[1].

1. Claude Pair, *Rapport sur la rénovation du service public de l'Éducation nationale*, février 1998.

Le professeur aura soin... d'établir des partenariats avec des auteurs, comédiens, metteurs en scène, bibliothécaires, journalistes, éditeurs, plasticiens [1].

Pour permettre l'évolution nécessaire du métier d'enseignant, il est aujourd'hui essentiel de construire de solides formations au partenariat. Dans la mesure où les enseignants n'ont plus le monopole de la diffusion des savoirs, il leur est nécessaire d'apprendre à collaborer avec l'ensemble des acteurs sociaux susceptibles de représenter pour eux et leurs élèves des ressources importantes [2].

Le « Plan pour lutter contre la violence à l'école » *devrait mettre l'accent sur des partenariats avec la justice, la police et les parents d'élèves, et étendre les moyens, déjà déployés sur neuf sites répartis dans six rectorats, à de nouvelles zones, en continuant de s'appuyer sur les troupes des emplois-jeunes* [3].

L'identité du lycée professionnel ne peut désormais se concevoir qu'en partenariat avec les professions... Un véritable contrat de formation... liera l'entreprise, l'établissement et l'élève qui en est l'acteur principal [4].

1. Nouveau programme de français de seconde 2000-2001, *Bulletin officiel*, hors-série n° 6, 12 août 1999.
2. Philippe Meirieu, *Cahiers millénaires*, n° 18, janvier 2000.
3. *Le Journal du dimanche*, 23 janvier 2000.
4. *Un lycée pour le XXIe siècle. L'enseignement professionnel intégré*, ministère de l'Éducation nationale, de la Recherche et de la Technologie, 1999.

On ne saurait mieux dire que les relations humaines, y compris celles entre parents, enfants et enseignants, doivent faire l'objet d'un marchandage.

Mots ou expressions associés : contrat, contractualisation, équipe, intervenants, management, mutualisation, ressources humaines.

PÉDAGOGIE 8 8 8 8

> « Les plus habiles gens se sont appliqués à donner des règles dans cette matière. »
> (Fénelon)

Au sens traditionnel, la pédagogie est le talent du pédagogue. Un maître fait preuve de plus ou moins de pédagogie dans sa manière de transformer des enfants ou des adolescents en élèves studieux, de les intéresser à l'objet de la connaissance. Aujourd'hui, cette valeur semble dépassée. Le mot est plus souvent employé flanqué d'un adjectif ou d'un complément qui spécifie une méthode ou une théorie.

On peut ainsi pratiquer simultanément ou alternativement *la pédagogie de contrat*, inspirée des méthodes de la formation continue, *la pédagogie de la discussion*, propre à développer la citoyenneté, *la pédagogie de la dissonance*, qui consiste à surprendre l'élève en le plaçant en situation de conflit, y compris avec le maître, *la pédagogie du détour* (bien bucolique), qui propose d'emprunter des chemins de traverse pour aller au but, *la pédagogie compensatoire*, fondée sur l'évaluation des besoins, dont l'utilité n'est plus à démontrer dans la remédiation.

Certaines pédagogies passent de mode en même temps que les théories psychologiques sur lesquelles elles s'appuient : *Le béhaviorisme, désormais très décrié par les psychologues cognitivistes, a introduit à l'école la notion « d'objectifs » et a permis de progresser vers des évaluations plus précises et moins aléatoires. Il a fait naître au Québec une « pédagogie de la maîtrise » qui organise les tâches dans un ordre gradué, à partir du niveau de base de l'élève*[1].

D'autres sont fortement recommandées : *La pédagogie différenciée est née de l'hétérogénéité des élèves. Cette dernière est devenue intolérable pour les enseignants qui ne pouvaient plus, dans des limites raisonnables, enseigner comme avant*[2]...

D'autres enfin, comme *la pédagogie magistrale* et *la pédagogie présentielle*, sont vivement critiquées.

La première *ne développe pas chez l'élève la nécessaire autonomie et l'apprentissage de l'innovation*[3].

La seconde est une survivance regrettable du passé . *Aujourd'hui, la pédagogie « présentielle » de l'enseignement général est toujours majoritairement celle de*

1. Martine Fournier, *Sciences humaines*, n° 98, octobre 1999.
2. Françoise Cros, *Cahiers pédagogiques*, n° 239, décembre 1985.
3. Philippe Joutard et Claude Thélot, *Réussir l'école*, *op. cit.*

l'enseignement simultané, développée par J.-B. de La Salle et les frères chrétiens aux XVIIIe et XIXe siècles, où le maître est en présence d'un groupe réduit d'élèves dans une classe[1].

Mots ou expressions associés : apprenant, didactique, frontal, guide, magistral, médiateur, méthodes, organisateur des apprentissages, situations-problèmes, technologies de l'information et de la communication (TIC).

PILOTAGE 8 8 8 8

> « C'est toi qui, quand ma cité était en proie aux traverses, as su la remettre dans le sens du vent : aujourd'hui encore, si tu peux, pour elle sois le bon pilote. »
> (Sophocle)

Au sens propre, le pilotage consiste à manœuvrer un navire, un avion, etc. Le terme est usité métaphoriquement comme équivalent de l'anglicisme *management* (voir ce mot).

La décentralisation ne doit pas faire obstacle à d'autres demandes également faites en France aux services publics... Et celles-là nécessitent un pilotage d'ensemble... C'est pourquoi on parle aussi de « management » lorsque

1. Guy Pouzard, inspecteur général de l'Éducation nationale, *Cahiers millénaires*, n° 18, janvier 2000.

l'on veut éviter la connotation trop directive du verbe piloter[1].

Tour de contrôle... le rectorat va devenir un lieu de pilotage de la politique éducative nationale... en adaptant les décisions aux réalités politiques du terrain... Ce nouveau mode de pilotage... doit permettre d'améliorer les performances du système éducatif... Pour améliorer les performances de l'école, nous devons trouver des solutions adaptées aux besoins et aux problèmes locaux. Cela nécessite un pilotage le plus proche possible des lieux où ces solutions doivent être mises en œuvre[2].

Les évaluations conçues comme des instruments de pilotage indispensables du système éducatif permettent de rompre avec une tradition d'opacité qui est restée longtemps la règle dans l'Éducation nationale[3].

À noter que si « piloter » concurrence souvent *manager*, en revanche, le responsable du pilotage est un « manager » et non un « pilote ». Le titre d'un film comique à succès n'y est peut-être pas pour rien[4].

Mots ou expressions associés : déconcentration, dispositif, efficience, management.

---

1. Claude Pair, *Rapport sur la rénovation du service public de l'Éducation nationale*, février 1998.
2. Jean-Claude Fortier, recteur de l'académie de Lille, *XXIe Siècle*, juillet 1999.
3. Martine Fournier, *Sciences humaines*, n° 100, décembre 1999.
4. *Y a-t-il un pilote dans l'avion ?*

PÔLE D'EXCELLENCE 8 8 8 8

> « Depuis dix jours, ils étaient prisonniers de la banquise. »
> (Jules Verne)

Expression forgée sur le modèle de « pôle d'attraction » ou « pôle de développement ».

Les « pôles d'excellence » se rapportent, pour ce qui concerne les zones d'éducation prioritaire (ZEP), à *la mise en place d'activités éducatives d'excellence, de type sections sportives, classes musicales à horaires aménagés, ateliers de pratiques artistiques, rencontres avec des personnalités, jumelage avec des institutions culturelles… Objectifs : valoriser et conforter l'identité de ces établissements scolaires, donner à leurs élèves ce qu'il y a de meilleur*[1]…

En effet, *pourquoi ne pas offrir le meilleur à ceux qui, au départ, ont le moins ? Il faut passer du « donner plus à ceux qui ont moins » à « donner à voir et à toucher l'excellence », pour donner l'envie de travailler et le plaisir d'apprendre… Il faudrait vraiment que le travail en ZEP devienne un « must »*[2].

« Donner à voir et à toucher » des « must » dans les quartiers défavorisés, voilà une excellente idée. « S'ils n'ont pas de pain, qu'ils mangent de la brioche » avait déjà dit une reine.

---

1. Ségolène Royal, *La Mutation des collèges*, *op. cit.*
2. Ségolène Royal, *Le Monde de l'éducation*, février 2000.

Mots ou expressions associés : contrat, nouveaux publics, partenariat, réussite, zone d'éducation prioritaire (ZEP).

PROFESSEUR DES ÉCOLES 8 8 8 8

> « On dit peu de choses solides lorsqu'on cherche à en dire d'extraordinaires. »
> (Vauvenargues)

Créée en 1992, cette expression désigne les nouveaux enseignants des écoles maternelles et primaires, formés dans les Instituts universitaires de formation des maîtres (IUFM) à partir de la même année, dans la perspective d'une disparition progressive des instituteurs, jugés trop peu qualifiés : *S'agissant du premier degré, la création des IUFM a coïncidé avec celle du corps des professeurs des écoles destiné à remplacer celui des instituteurs, mis en extinction. Par-delà le changement de dénomination, c'est en fait une élévation du niveau de qualification… qui était visée*[1].

Les professeurs des écoles sont donc recrutés au niveau de la licence, soit après trois années d'études universitaires, ce qui semble poser problème : *Les nouveaux professeurs des écoles, initialement formés à l'université dans une discipline*

1. Gérard Bonnet, Direction de la programmation et du développement (DPD), *Cahiers français*, n° 285, mars-avril 1998.

précise, sont souvent effrayés par la nécessaire polyvalence de l'enseignant dans le primaire [1].

À vouloir « élever le niveau de qualification », se serait-on trompé sur la nature de la formation ? La « nécessaire polyvalence », apprise jadis dans les Écoles normales d'instituteurs, n'est pas, en effet, du ressort de l'université où les étudiants se spécialisent dans une discipline particulière, ce qui ne les prépare guère à en inculquer plusieurs aux enfants du primaire.

Bref, l'expression « professeur des écoles » est révélatrice de la confusion des métiers respectifs du professeur et de l'instituteur.

Mots ou expressions associés : éléments, disciplines, professionnalisation du métier.

PROFESSIONNALISATION DU MÉTIER

> « Je remercie les professionnels de la profession. »
> (Jean-Luc Godard)

Expression tautologique, construite à l'occasion de la création des IUFM, pour exprimer la volonté de former des « professionnels », c'est-à-dire des « spécialistes » de l'éducation.

Mis en place à partir de 1990, les Instituts de formation

---

1. Louis Aloisio, directeur d'école primaire à Gennevilliers, *Le Monde de l'éducation*, mars 1998.

des maîtres [IUFM] visaient notamment à accroître la professionnalisation du métier d'enseignant[1].

L'idée qu'il faille « professionnaliser le métier » laisse penser que, longtemps, les enseignants ont pu pratiquer en dilettantes, dans une société qui, bizarrement, s'accommodait fort bien d'un tel amateurisme.

Trop peu encore [d'enseignants] agissent en « professionnels de l'apprentissage[2] *»...*

On voit bien que [certains professeurs] ont été préparés à un autre métier et ne peuvent plus exercer le leur sereinement dans sa forme actuelle[3].

Mais les temps changent, et les défis du futur commandent de faire « émerger » une nouvelle génération de maîtres, des « professionnels de leur métier ». En quoi consiste donc cette « professionnalisation » ? Les formules qui la définissent sont vagues.

C'est à travers une nouvelle pratique du métier que prend(ra) forme une identité professionnelle nouvelle adaptée aux besoins du système éducatif de notre temps[4].

Permettre au futur professeur de se construire comme sujet dans l'exercice de sa profession[5].

---

1. *Cahiers français*, n° 285, mars-avril 1998.
2. Rapport 1998 de l'IGEN, La Documentation française.
3. *Ibid.*
4. *L'Évolution du métier d'enseignant*, document SGEN-CFDT, 1999.
5. Plan de formation des formateurs, IUFM des Pays de Loire, 1999-2000.

S'agit-il de faire en sorte que les enseignants dominent mieux ce qu'ils enseignent ? Il ne semble pas.

Les compétences qui doivent être acquises en fin de formation initiale ne doivent pas être essentiellement des compétences dans l'ordre de la discipline mais des compétences centrées sur la capacité à faire acquérir des savoir-faire pour lesquels les différentes disciplines constituent des supports et des moyens[1].

En fin de compte, voici peut-être de quoi il retourne :

Le nouveau métier d'enseignant fait de lui le membre d'une équipe pédagogique élargie, qui travaille avec d'autres maîtres, d'autres élèves du cycle, des aides-éducateurs et des intervenants[2].

L'enseignant voit son statut traditionnel remis en cause ; il devient davantage médiateur, organisateur d'apprentissages que transmetteur unique de connaissances[3].

Un nouveau « métier » en effet, une « professionnalisation », voire...

Mots ou expressions associés : équipe, communauté, guide, médiateur, mutation, professeur.

---

1. Guide du professeur stagiaire, 1998-1999, seconde année, IUFM d'Amiens.
2. Christian Viger, inspecteur de l'Éducation nationale, *Journal de l'académie de Nantes*, décembre 1999.
3. Patrick Guihot, unité de recherche et de formation Éducation et distance de l'INRP, *Cahiers millénaires*, n° 18, janvier 2000.

PROJET 8 8 8 8

« *I would prefer not to.* »
(Herman Melville)

Intention de faire quelque chose, sans que cette intention soit assurée d'aboutir. Le pluriel accentue cette idée d'indécision : « faire des projets » ou « avoir des projets » n'est pas très éloigné de « tirer des plans sur la comète » ou de « bâtir des châteaux en Espagne ».

Pour autant, à l'Éducation nationale, une multiplicité de « dispositifs » individuels ou collectifs s'appuient sur la notion de « projet », le mot étant devenu synonyme d'objectif programmé, sans doute par contagion du sens qu'il a dans les domaines de la production (étude de projet) et du « management de projet ».

Depuis la décentralisation et la proclamation de l'autonomie des établissements, chaque école, collège ou lycée, afin d'adapter l'offre de formation à la demande locale, doit aussi *faire vivre au quotidien son projet en s'assurant de l'efficacité de la démarche engagée, au besoin en la réajustant*[1].

De même les enseignants sont-ils tenus de construire, en fonction de leur public et de son niveau, un projet éducatif, de préférence en équipe : *Le projet éducatif suppose, sans renier*

1. *Le Journal de l'académie de Nantes*, n° 7, avril 2000.

la singularité de l'acte pédagogique initial, le dépassement de cet individualisme originel[1]...

Chaque élève est enfin invité à *devenir progressivement auteur et acteur de son projet personnel, et par là à se mobiliser davantage dans la conquête de ses apprentissages scolaires*[2].

De manière générale, ne pas avoir de « projet » est considéré comme une tare fatale : *Une personne qui n'a pas de projet est marginalisée. Le « sans projet » n'a pas sa place dans notre société*[3].

Cet avertissement fera sourciller ceux qui ont lu le court roman d'Herman Melville, *Bartleby*, parabole étonnamment moderne sur la liberté du refus.

Mots ou expressions associés : acteur, autonomie, décentralisation, dispositif, management, pilotage.

---

1. Philippe Joutard et Claude Thélot, *Réussir l'école*, *op. cit.*

2. Document du Service académique d'information et d'orientation (SAIO), académie de Nantes, 1995.

3. Hervé Giraudeau, inspecteur de l'Information et de l'Orientation à l'académie de Clermont-Ferrand, document du Service académique d'information et d'orientation (SAIO), académie de Nantes, 1995.

Querelle 8 8 8 8

> « Il est naturel que les modernes, qui ont beaucoup d'élégance et de tours ingénieux, se flattent de surpasser les anciens, qui n'ont que la simple nature. »
> (Fénelon)

Synonyme de polémique sans intérêt, débat inutile parce que dépassé.

Par référence à la querelle des Anciens et des Modernes qui agita les gens de lettres à la fin du XVIIe siècle, le mot querelle sert, sous la plume de nos modernes réformateurs, à discréditer tous ceux qui s'interrogent sur les orientations de la politique éducative, en les assimilant implicitement aux anciens.

Faut-il vraiment reprendre des débats idéologiques qui ont eu leur pertinence il y a trente ans, mais qui sont aujourd'hui dépassés, et à coups d'oppositions simplistes et manichéennes, rejouer la querelle des Anciens et des Modernes, l'affrontement des défenseurs des grandes œuvres et des découvreurs de nouveaux langages, et sommer les enseignants de choisir entre l'enseignement de la littérature et celui de la communication[1] *?*

Les anciens d'aujourd'hui sont également qualifiés de

1. Alain Boissinot et cosignataires, *Le Monde*, 9 mars 2000.

« républicains », ce qui signifie qu'ils restent attachés à des notions périmées comme l'instruction publique, l'égalité des droits, le mérite scolaire, la classe, la leçon, l'enseignement disciplinaire, la dissertation et autres balivernes. Les modernes actuels méprisent ces attardés. Ils considèrent que si *la conception des missions des systèmes éducatifs et de formation, leur organisation, le contenu des enseignements, voire même la pédagogie, ont fait l'objet de débats souvent passionnés... la plupart de ces débats paraissent aujourd'hui dépassés*[1].

Mots ou expressions associés : connaissances, discipline, instruction, insularité, mérite.

REDOUBLEMENT 8

> « LE ROI. – J'aimerais redoubler.
> MARGUERITE. – Tu passeras l'examen. Il n'y a pas de redoublants. »
> (Eugène Ionesco)

1. *Livre blanc sur l'éducation, op. cit.*

Substantif désignant le fait de « repiquer » une classe parce que l'on n'en a pas assimilé le programme.

Des esprits avisés ayant fait remarquer que les redoublements avaient, en termes budgétaires, un *coût considérable*[1], il est aujourd'hui officiellement recommandé d'*imaginer et appliquer des solutions alternatives aux redoublements qui constituent souvent des réponses inadaptées à de vraies questions d'apprentissage*[2].

Ainsi depuis quelques années tient-on de moins en moins compte des résultats d'un élève pour son admission dans la classe supérieure et presque plus du tout de l'avis des professeurs sur cette question, le passage en cours de cycle, de la première à la terminale par exemple, étant acquis de droit.

Cette politique de l'autruche a porté ses fruits : *31 % des jeunes entrés en sixième en 1989, dont on a suivi la scolarité jusqu'en terminale, repiquent une classe contre 41 % dix ans plus tôt*[3].

Reste que pendant la même période, comme bien des enseignants le reconnaissent, l'appétence des élèves pour le travail scolaire a diminué et les retards d'apprentissage, nonobstant

1. « Le système éducatif », *Cahiers français*, n° 249, La Documentation française, 1991.

2. Note de la division académique de formation des personnels de l'Éducation nationale de Versailles, 23 novembre 1999.

3. *Le Figaro*, 10 mai 2000.

les solutions alternatives comme la remédiation, la consolidation et autres dispositifs de soutien, se sont aggravés.

Mots ou expressions associés : aide individualisée, besoins, cycles, échec, remédiation, retard scolaire, réussite.

Réforme 8 8 8 8

« On m'aurait menti ? »
(Les Guignols de l'info)

Au sens propre, « réforme » signifie amélioration d'un système ou d'une institution. En ce qui concerne l'école, la réforme, mot-écran par excellence, peut être assimilée à un jeu de dupes perpétuellement recommencé.

Nous avons repris le projet de la déconcentration du mouvement des enseignants… et les bassins d'éducation par une autre voie, plus incitative. Et nous avons réussi. La réforme infaisable a réussi. Il est vrai que nos opposants étaient occupés à s'opposer à la réforme du lycée [1].

Dans les trente dernières années, le mot réforme a servi un nombre considérable de fois, non pour qualifier des améliorations, mais pour couvrir des adaptations aux tendances sociales, aux contingences économiques, aux orientations de politique générale. Les procédés d'enseignement traditionnels ont été balayés sous la pression soixante-huitarde. L'instauration du collège unique et la suppression des filières ont été

1. Claude Allègre, *Le Nouvel Observateur*, 6-12 avril 2000.

décrétées pour rendre moins voyants les processus de sélection. L'allongement de la scolarité pour faire baisser les chiffres du chômage, l'autonomie des établissements pour permettre le désengagement de l'État, la massification pour remplacer une démocratisation trop coûteuse. La déconcentration est aujourd'hui prônée parce que, libéralisme oblige, le moment est venu d'atomiser et de « flexibiliser » le système. Etc.

Aucun de ces « changements » ne vise à réformer l'enseignement proprement dit. Curieusement, il n'a jamais été question d'introduire la culture technique dans la formation générale de tous les collégiens, ce qui aurait peut-être empêché les dérives du collège unique. Et faire en sorte que l'école primaire parvienne à transmettre les savoirs élémentaires à tous n'est pas à l'ordre du jour.

Mots ou expressions associés : déconcentration, mammouth, mutation, XXIe siècle, wagon.

REMÉDIATION 8 8 8 8

> « On n'a pas besoin de conseils, grommela la nymphette en tirant sur la paille de son Coca. On a besoin d'un coup de paluche. Point final ! »
> (Gérard Guégan)

Ce néologisme désigne l'ensemble des dispositifs de soutien destinés aux élèves incapables de suivre au niveau où ils ont été admis malgré leurs faiblesses avérées : groupes de besoins, modules, parcours diversifiés, aide individualisée.

La remédiation se propose de *corriger les effets négatifs, sur l'apprentissage, de médiations précédentes lacunaires, manquantes ou mauvaises*[1].

Par exemple, *l'aide individualisée doit proposer* à l'élève *des tâches complexes (et non compliquées !) qui exercent ses compétences et qui ont du sens pour lui, en lui fixant un palier de réussite concrète (lire avec intérêt et plaisir un livre en entier, utiliser avec pertinence sa calculatrice graphique). Une « pédagogie du détour » peut être opératoire*[2].

Bilan des dispositifs de remédiation :

Ce sont les élèves le plus en difficultés qui non seulement fréquentent le moins les différents dispositifs de soutien scolaire, mais qui, lorsqu'ils le font, en tirent le moins de profit[3].

Une enquête récente auprès de 3 000 professeurs de collège rapporte le bilan provisoire des nouveaux dispositifs introduits depuis trois ans en 6e et en 4e, pour diversifier l'offre pédagogique et aider les élèves en difficulté. Il en ressort que les résultats scolaires, les performances des

---

1. Annie Cardinet, *Cahiers pédagogiques*, n° 362, mars 1998.
2. Note du doyen de l'Inspection pédagogique régionale, Nantes, 1er septembre 1999.
3. Jean-Yves Rochex, *Sciences humaines*, hors-série, n° 10, décembre 1996-janvier 1997.

Remédiation modulaire

élèves et leur assimilation des programmes n'ont pas connu d'évolution sensible[1].

Mots ou expressions associés : aide, consolidation, dispositifs, échec, individualisation, modules, parcours, recours, réussite.

RÉPÉTITIF 8

« Un kilomètre à pied, ça use, ça use… »

(Chanson de marche)

Adjectif qualifiant des exercices jugés nécessaires pour l'élite sportive ou le musicien virtuose, mais auxquels les élèves ne peuvent être soumis sans inconvénients. Au demeurant, l'école moderne fournit des moyens d'apprentissage infiniment plus séduisants et plus efficaces.

Désormais, les technologies de l'information contribuent à faire disparaître ceux des travaux routiniers et répétitifs qui peuvent être codifiés et programmés par les machines automatiques[2].

L'enseignant lui-même a tout à y gagner.

Toutes les tâches répétitives du professeur vont être préenregistrées, stockées, mais le professeur sera, lui, essentiel parce que l'enseignement va devenir personnalisé. Il sera

1. Note d'information, Direction de la prospective et du développement, ministère de l'Éducation nationale, de la Recherche et de la Technologie, janvier 1999.

2. *Livre blanc sur l'éducation*, Commission européenne, 1995.

un guide, un maître à apprendre, une référence de savoirs[1].

Un gourou ?

Mots ou expressions associés : guide, individualisation, pédagogie, technologies de l'information et de la communication (TIC).

Réseau 8 8 8 8

« Ici Londres. Les Français parlent aux Français. »
(La BBC)

Substantif traditionnellement utilisé au sens figuré, pour traduire l'idée de circulation, de communication ou d'organisation à partir d'un centre : réseau électrique, réseau routier, ferroviaire ou encore réseau d'espionnage, de résistance. Par définition, un réseau est fortement hiérarchisé.

Aujourd'hui, notamment depuis le succès du « Net » (le réseau des réseaux) et des théories modernes de la communication, le mot tend à prendre une signification diamétralement opposée : moyen universel d'échange, libéré de toute tutelle, le réseau offrirait aux individus des possibilités infinies de développement autonome et d'enrichissement mutuel.

La structure pyramidale et séculaire du pouvoir va être

1. Claude Allègre, *Le Monde*, 24 octobre 1999.

bousculée par le développement des réseaux de communications[1].

C'est dans ce sens qu'il est employé par les concepteurs de l'école de demain.

Heureuse perspective : *La classe ainsi reconfigurée sera un relais, un nœud d'un réseau plus vaste impliquant d'autres formes complémentaires de transmission de culture*[2].

Lumineuse voie d'avenir : *Il est assez aisé de dessiner ce que serait « une gouvernance éducative », dont le « réseau » vertical assure la stabilité et fournit des instruments privilégiés d'action, mais plus encore donne les ressources permettant aux unités éducatives de constituer des partenaires forts dans les négociations horizontales*[3].

Bénéfiques effets : *Ce projet partagé, appuyé sur des constats minutieux, met en réseau dynamique les enseignants, les intervenants, les familles, au profit d'un effort de différenciation des pédagogies, de maîtrise de la langue, de relation avec les parents, de renforcement de la citoyenneté. Cette triple réalité : moyen, contrat, réseau assure*

1. Michel Alberganti, *Le Monde de l'éducation*, septembre 1998.
2. Joël de Rosnay, *Cahiers pédagogiques*, n° 362, mars 1998.
3. Yves Dutercq (INRP), *US Magazine* (SNES), septembre 1999.

l'efficacité d'une mobilisation des compétences au profit des élèves les plus défavorisés [1].

Ne pas se demander, surtout, qui tient et tire les fils d'un réseau.

Mots ou expressions associés : bassin, contrat, déconcentration, mutualisation, partenariat, projet, ressources.

Ressources humaines 8 8 8 8

« L'homme, le capital le plus précieux. »
(Joseph Staline)

Au sens premier, le mot « ressource » est synonyme de moyens matériels d'existence. À dater de la révolution industrielle, il désigne tous les moyens, matériels ou humains, utiles à la production. Pour les hommes, néanmoins, l'usage voulait que l'on parle, par euphémisme, de « personnel ».

Le management moderne n'ayant pas de telles pudeurs a mis en vigueur depuis une trentaine d'années l'expression « ressources humaines ».

L'Éducation nationale ne pouvait rester en arrière. Désormais, chaque rectorat possède un service des « ressources humaines » dont le directeur s'appuie sur des « personnes ressources », en d'autres termes, pour utiliser des dénominations démodées, des contremaîtres ou des chefs

1. *ÉduSarthe 2000*, supplément du *Bulletin de l'Éducation nationale de la Sarthe*, septembre 1999.

d'équipe en poste dans les « bassins de formation » ; ce que l'on appelait jadis, plus crûment, des « petits chefs ».

Mais la gestion des ressources humaines, c'est d'abord sur le terrain qu'elle se fait. À la prochaine rentrée, je travaillerai avec les personnes ressources des équipes d'animation constituées dans chaque bassin de formation emploi[1].

La spécialisation des personnes ressources variera en fonction des besoins locaux, mais certaines existeront dans tous les bassins, par exemple les responsables de la vie scolaire ou de la gestion des ressources humaines. Dans un système déconcentré, qui favorise la prise de responsabilité, l'initiative et le travail en équipe, la gestion des ressources humaines est un élément déterminant. Tous les rectorats sont dotés d'un directeur des ressources humaines[2].

Dans chacun des quatorze bassins de formation-emploi, une équipe d'animation, constituée de personnes ressources réunies autour d'un administrateur scolaire, sera chargée de coordonner l'action éducative de l'école maternelle au lycée, et de favoriser la prise de

1. Jean-Claude Morlaes, directeur des ressources humaines au rectorat de Lille, *XXIe Siècle*, juillet 1999.
2. *XXIe Siècle*, juillet 1999.

responsabilité… Il ne s'agit en aucun cas de créer un niveau d'administration classique supplémentaire[1].

On note, avec intérêt, que ces personnes ressources, ne relevant pas d'un « niveau d'administration classique », ne contribuent en aucune façon à « engraisser le mammouth ».

On note également, avec indulgence, que les managers néo-libéraux de l'Éducation nationale, dans un trouble dû sans doute à leur manque d'expérience, utilisent parfois un vocabulaire crypto-marxiste.

Nous sommes une cellule ressource… au service des chefs d'établissement[2].

Mais l'essentiel est bien qu'en matière de ressources humaines *deux catégories d'éléments doivent être analysées et donner lieu à des propositions d'action :*

– le niveau d'investissement réalisé dans le capital humain

– le traitement comptable et fiscal des dépenses de formation[3].

Mots ou expressions associés : communauté, déconcentration, équipe, management, mutualisation, partenariat, réseau.

---

1. Jean-Claude Fortier, *XXIe Siècle*, juillet 1999.
2. B. Guyard, Service des ressources humaines, rectorat de Paris, *XXIe Siècle*, décembre 1999
3. *Livre blanc sur l'éducation*, Commission européenne, 1995.

RESTITUTION 8

« Je forçai mon examinateur d'histoire à ingurgiter jusqu'à la dernière bouchée ma tirade sur "La Prusse après Iéna". Mon manuel de Malet revomi. »
(Paul Guth)

Dans le jargon des néo-pédagogues, équivalent de « régurgitation ». La restitution est la conséquence d'une ingestion de connaissances, pratique nuisible à l'intelligence des choses et génératrice d'ennui.

À la logique de la restitution s'est ainsi peu à peu mêlée une logique de la compréhension, beaucoup plus délicate, et certainement plus formatrice [1].

Il vaut mieux faire une petite expérience d'optique et comprendre comment fonctionne une lentille plutôt que d'avaler tout le programme et dire : « J'ai tout oublié, la physique ça m'a ennuyé », etc. [2]

Il existe toutefois une différence de taille entre régurgiter après avoir « avalé tout le programme » et « restituer » après avoir appris sans comprendre : l'élève qui restitue reste un âne mais au moins il ne salit pas les parquets.

Seuls les naïfs continuent de penser qu'il vaut mieux

---

1. Samuel Joshua, professeur en sciences de l'éducation à l'université de Provence, *Le Monde*, 24 mars 1999.

2. Claude Allègre, *France-Soir*, 23 novembre 1999.

Régurgitation

restituer et même régurgiter ce que l'on a appris, plutôt que de ne rien savoir du tout.

Mots ou expressions associés : apprendre à apprendre, bachotage, connaissance, mémorisation.

RÉUSSITE 8 8 8 8

« Encore une partie ? demanda-t-il. »
(Stefan Zweig)

Au sens courant, antonyme d'échec. Dans le jargon de l'« Éd. nat. », mot magique qui suffit à faire disparaître les échecs.

Pour garder ou retrouver confiance dans ses possibilités de réussite, l'élève doit être mis en situation de réussite et réussir[1].

C'est le passage du quantitatif et de la méthode au qualitatif... Autrement dit : un cran plus haut. Ne pas seulement lutter « contre » l'échec scolaire mais se battre « pour » le droit à la réussite[2].

La méthode du docteur Coué fait toujours recette. Un cran plus haut...

Mots ou expressions associés : discrimination positive, échec,

1. Note du doyen de l'Inspection pédagogique régionale à l'académie de Nantes, 1er septembre 1999.

2. Ségolène Royal, *Le Monde de l'éducation*, février 2000.

parcours diversifiés, pôle d'excellence, redoublement, remédiation, REP, ZEP.

Rôle 8 8 8 8

« Et pendant quatorze ans, il a joué ce rôle
D'être le vieil ami qui vient pour être drôle ! »
(Edmond Rostand)

À mi-chemin entre le sens de « personnage » et celui de « fonction sociale », ce mot est le joyau de la pédagogie différenciée. La distribution de rôles entre élèves renvoie la pédagogie frontale ou magistrale, ainsi que la leçon et autres vieilleries aux oubliettes de l'histoire. Selon son concepteur, elle va dans le sens *des tendances modernes de cohésion et de complémentarité des rôles qui se manifestent avec vivacité dans les entreprises et tous les secteurs de la vie active* [1].

Exemple :

On tiendra compte, bien sûr, pour la désignation des rôles, de la situation et de la personnalité de l'élève : est-il en grande facilité, en facilité accueillante, bien perçu, en situation moyenne, suit bien, fait des efforts ou en difficulté ?

On pourra utiliser des métaphores…

1. André de Péretti, *Cahiers pédagogiques*, supplément n° 3, octobre-novembre 1997.

Du domaine sportif : capitaine, aide, supporter, soigneur, spectateur, réserviste.

Du domaine du spectacle : réalisateur, assistant, régisseur, accessoiriste, documentaliste, acteur, cameraman.

Du domaine des transports : locomotive, propulseur, fourgon, wagon, station, guichet...

On aura intérêt à faire participer les élèves activement au choix des dénominations, et à utiliser l'humour et la fantaisie. Ainsi pourra-t-on trouver des expressions savoureuses comme : le crieur, le messager, le détenteur, la roue de secours, le « potins de la commère », le coupe parole des bavards, le fou du roi, le souffleur, le répartiteur d'incertitudes, le magicien, le fouineur[1].

Jeux de rôles, jeux de drôles...

Mots ou expressions associés : acteur-auteur, hétérogénéité, individualisation, organisateur des apprentissages, pédagogie.

1. *Ibid.*

Savoir 8

« Vous devez pousser vos études. Je m'excuse de vous le dire, mais c'est une chose nécessaire. La vie contemporaine est devenue très complexe. »

(Eugène Ionesco)

Au singulier comme au pluriel, le mot a beaucoup perdu de son prestige. L'attachement au(x) savoir(s) est démodé, voire suspect.

L'école de la IIIe République… mettait au premier plan l'instruction, la transmission de savoirs considérés comme universels voire éternels, dans un espace clos, de manière uniforme sur le territoire [1]…

Il ne reste plus que quelques esprits indécrottablement nostalgiques pour affirmer encore que *chacun trouvera dans le savoir de quoi être arraché à l'ignorance, à l'opinion, aux traditions, à la morne répétition du vécu sans réflexivité, sans connaissances* [2].

---

1. Claude Pair, *Rapport sur la rénovation du service public de l'Éducation nationale*, février 1998.

2. Danièle Sallenave, *Le Monde de l'éducation*, septembre 1998.

Désormais, l'émancipation est à chercher du côté de l'autonomie, dans la capacité à « apprendre à apprendre » « tout au long de la vie », dans l'acquisition de « compétences ».

Mots ou expressions associés : autonomie, compétences, connaissances, instruction, savoir-faire, savoir-être, savoir-devenir.

Savoir, savoir-faire, savoir-être 8 8 8 8

« *Sea, sex and sun.* »

(Serge Gainsbourg)

Emprunt au vocabulaire de l'entreprise. Ce triptyque décline les composantes de la « compétence ».

La compétence professionnelle se définit par la disposition à mobiliser et à mettre en œuvre des savoirs, des savoir-faire et des savoir-être en situation de travail [1].

Tout en s'y référant constamment, les réformateurs utilisent des périphrases évitant d'utiliser telle quelle la formule.

On parlera, par exemple, du droit des élèves *à un socle de compétences... qui conjugue les connaissances nécessaires et la capacité de faire, l'autonomie pour être et l'aptitude à vivre ensemble* [2].

Il faut... dans toutes les disciplines préciser, pour chaque

1. Site web du Medef, Dossiers d'actualité, 1er trimestre 2000, « Compétence et formation professionnelle : se former tout au long de la vie ».

2. Ségolène Royal, *Le Collège des années 2000, op. cit.*

séquence ou groupe de séquences, les objectifs pédagogiques, les compétences attendues de la part des élèves (connaissances factuelles, savoir-faire, etc.), à l'issue de ce moment d'apprentissage[1].

À ce triptyque, certains auteurs, soucieux d'assurer la survie des « acteurs » dans un XXIe siècle qu'on nous promet aussi radieux que mouvementé, ajoutent un quatrième volet : le « savoir devenir ».

Pour aujourd'hui et pour demain, la mission de l'école… pourrait être, à notre sens, de préparer à vivre dans une société démocratique plongée dans un monde en changement constant : certains parlent de « savoir-devenir[2] *».*

Travailler « autrement », ce peut être en particulier, confier à des élèves… des responsabilités correspondant aux spécificités des contenus : savoirs, savoir-faire, savoir-être mais aussi savoir-devenir[3]*…*

Mots ou expressions associés : compétences, comportement, formation, projet, tout au long de la vie, triptyque magique, savoir.

---

1. Rapport 1998 de l'IGEN, La Documentation française.
2. Claude Pair, *Rapport sur la rénovation du service public de l'Éducation nationale*, février 1998.
3. André de Péretti, *Cahiers pédagogiques*, supplément n° 3, octobre-novembre 1997.

SENS 8

« Par un long et passionné dérèglement de tous les sens. »

(Arthur Rimbaud)

Ce qui confère son intelligibilité à un mot, à un texte, etc.

Pour les pédagogues modernes, plus rien n'ayant de signification évidente, pas plus les grands textes de la littérature que la parole magistrale, le sens est indéfiniment à « construire ». *La lecture d'un texte, comme sa production, constituent toujours une tâche complexe, dont le but ultime est la construction d'un sens*[1].

Les ingénieurs du « génie » pédagogique proposent même de *construire avec les élèves des « ponts » de sens et de savoir-faire entre le travail personnel et le travail de la classe*[2].

À l'école, il est vrai, « rien ne va plus de soi, ni les raisons, ni les façons », pas même le sens, au point que l'on se demande vraiment ce que l'on vient y faire.

Mots ou expressions associés : aller de soi, pédagogie, rôle, savoir-faire, sensibiliser.

---

1. Banque d'exercices, Direction de l'évaluation et de la prospective (DEP), 1998.
2. « Demande de formation négociée », IUFM des Pays de Loire, 1999.

SENSIBILISER 8 8 8 8

« Comme mademoiselle Cunégonde avait beaucoup de dispositions pour les sciences, elle observa, sans souffler, les expériences réitérées dont elle fut témoin. »
(Voltaire)

Au sens figuré, signifie faire prendre conscience, provoquer une réaction. L'école se propose de sensibiliser les élèves par des actions de sensibilisation.

Comme pour d'autres aspects de l'éducation à la citoyenneté, une prise en charge collective s'impose naturellement afin de « sensibiliser la jeunesse à son devoir de défense », comme le demande la loi[1].

Pour inciter encore plus les jeunes à s'ouvrir aux adultes, il faut faire des campagnes de sensibilisation, inciter les élèves à parler[2].

Dans le cadre de l'un des trente « Comités d'éducation à la santé et à la citoyenneté » (CESC) sarthois, des actions de sensibilisation « en quartier » ont eu lieu : animation en supermarché, séries d'informations et, pour marquer un temps fort, une journée de « théâtre-forum ». Avec l'aide de comédiens professionnels, élèves et adultes (dont les parents) jouent des situations de crise et, par leurs

1. *Bulletin officiel*, n° 8, 6 août 1999.
2. G. Dupon-Lahitte, président de la FCPE, *France-Soir*, 22 janvier 2000.

interventions sur scène, inventent des réponses adaptées à la vie de l'élève[1].

La brochure du ministère de l'Éducation nationale consacrée à la « Campagne de lutte 1999-2000 contre la consommation excessive de boissons alcoolisées auprès des lycéens » prévoit de fournir *des outils de sensibilisation destinés à être des supports d'échange avec les jeunes : brochures, affichettes, kits de tests psychomoteurs, projets de concours…*

L'emploi du verbe sensibiliser, comme celui du substantif sensibilisation, présupposent l'idée d'« insensibilité » ou d'« inconscience » des jeunes, dont l'instruction a été si négligée – par les adultes, les institutions, la société ? – qu'il faut trouver d'urgence des solutions de secours.

Mots ou expressions associés : apprentissage, citoyenneté, éducation à.

SERVICE PUBLIC D'ÉDUCATION 8 8 8 8

> « Qu'est-ce qu'il y a pour votre service ? »
> (Denis Diderot)

Expression qui précise le statut du système éducatif ou sa mission.

1. *ÉduSarthe 2000*, supplément du *Bulletin de l'Éducation nationale de la Sarthe*, septembre 1999.

Le service public d'éducation est conçu en fonction des élèves [1].

Définir ainsi le rôle de l'école est moins simple qu'il n'y paraît, comme on peut en juger par les contorsions du raisonnement d'un des artisans de la modernisation du service public d'éducation.

L'école est un service public particulier. D'abord, l'élève n'est pas un client qui peut, à lui seul, définir le service attendu... parce que le but de l'éducation est que les élèves se transforment, et parce qu'ils sont les acteurs de leur formation. Dans la conception française, les parents ne sont pas, non plus des clients d'une entreprise dont les élèves seraient des produits, l'école est au service des élèves. L'école n'est donc pas une entreprise. En outre, l'école n'opère pas sur un marché concurrentiel... Le service est à définir avec ceux qui en bénéficient : élèves « au centre du système, acteurs de leur formation » ; parents, dont la loi prévoit qu'ils sont aussi « membres de la communauté éducative » – cette expression signifie que si la relation avec eux n'est pas du type fournisseur-client, elle de l'ordre du partenariat [2].

D'autres « partenaires », qui ont des idées plus claires sur la

1. Loi d'orientation du 10 juillet 1989.
2. Claude Pair, *Rapport sur la rénovation du service public de l'Éducation nationale*, février 1998.

notion de « service public d'éducation », frappent à la porte : ils ont bien compris que, dans cette expression, le mot « service » l'emportait sur le mot « public ».

L'éducation doit être considérée comme un service rendu au monde économique[1].

Mots ou expressions associés : bassin, contrats, décentralisation, partenariat, ressources.

SITUATION-PROBLÈME 8 8 8 8

> « Notre héros fut profondément embarrassé ; il n'avait point prévu cette question. »
> (Stendhal)

Selon les tenants des théories cognitivistes, l'« apprenant » doit être placé en « situation-problème » afin de l'aider à déconstruire ses « représentations erronées ».

Les didacticiens proposent de construire des situations d'apprentissage autour des objectifs-obstacles et de « situations-problèmes »... La situation-problème doit permettre à l'élève de prendre conscience de l'insuffisance de son savoir antérieur par la situation elle-même et non par l'enseignant... Toute la difficulté sera de l'aider sans faire le travail à sa place[2].

---

1. Rapport de la table ronde des industriels européens (ERT), février 1995.
2. *Sciences humaines*, n° 98, octobre 1999.

Cette pédagogie, opposée à la conception traditionnelle de la transmission des savoirs, est devenue presque officielle.

Il y a deux méthodes pédagogiques, l'une transmissive et réceptive (où il s'agit d'inculquer des informations et des connaissances à des élèves qui sont des récepteurs), l'autre « active », dans laquelle l'élève est en situation de recherche, de résolution de problèmes... C'est bien cette seconde conception qui, peu à peu, s'introduit... alors que le lycée n'a cessé jusqu'ici d'être dominé par le premier modèle[1].

Mots ou expressions associés : apprenant, besoins, cognitivisme, cours, leçon, méthodes, remédiation, transmission.

SOCLE 8 8 8 8

« Il me montrait le socle de la statue, et j'y lus ces mots : CAVE AMANTEM. »

(Prosper Mérimée)

Au sens propre, base sur laquelle on édifie un bâtiment, un monument. Employé métaphoriquement comme équivalent de « connaissances de base » ou « fondamentaux ».

Quatre priorités marquent le projet académique : consolider le socle de la scolarité obligatoire, réussir

1. Gérard Chauveau, chercheur à l'Institut national de la recherche pédagogique, *Le Monde de l'éducation*, septembre 1999.

Situation-problème

l'orientation, forger la citoyenneté et préparer l'éducation tout au long de la vie[1].

Beaucoup de jeunes abordent leur entrée dans le monde des adultes en voulant disposer de ce socle de savoir qui leur permettrait de se comprendre et de se parler[2].

Un socle de compétences... dans un monde qui bouge[3]...

« Socle solide », « consolider », « forger »... ne dirait-on pas que l'on cherche à rassurer, par l'emphase du discours, quant à la solidité de ces fondations ?

Mots ou expressions associés : compétences, culture commune, fondamentaux, tout au long de la vie.

SUIVI 8 8 8 8

> « Vous irez attendre ce particulier à la gare, le prendrez en filature, et me communiquerez son adresse. »
> (Léo Malet)

Attention particulière portée aux élèves dans le déroulement de leurs études, notamment aux élèves en difficulté.

Il existe deux conceptions antinomiques du suivi.

La première repose sur le bénévolat et la notion de « tutorat » (voir ce mot).

1. *XXIe Siècle*, nº 5, juillet 1999.
2. Ségolène Royal, *XXIe Siècle*, nº 2, juin 1998.
3. Ségolène Royal, *Le Collège des années 2000*, *op. cit.*

Ce suivi plus individualisé des élèves, je souhaite qu'il excède le strict champ des apprentissages et permette, en particulier à ceux qui rencontrent des difficultés de tous ordres (scolaire, familial, relationnel), de bénéficier du tutorat[1].

La seconde nécessite l'emploi de personnels compétents en nombre suffisant.

Il faudrait encore que les enseignants puissent aussi travailler en équipes pour assurer un suivi quasiment quotidien, cela en partenariat avec les médecins, infirmières, assistantes sociales ou conseillers d'éducation[2].

Mots ou expressions associés : communauté éducative, conduites à risques, éducation à, équipe, individualisation, partenariat, tuteur.

SURVEILLANT 8

> « Le pion du jeudi matin s'appelait Piquoiseau. »
> (Marcel Pagnol)

Substantif, à la connotation désagréable, qui rappelle la discipline d'antan.

Heureusement, le nombre de surveillants, ou conseillers d'éducation, a considérablement décru.

Pour 584 élèves, le collège Jules-Ferry ne compte que trois

1. Ségolène Royal, *Le Collège des années 2000*, mai 1999.
2. *France-Soir*, 22 janvier 2000.

surveillants, auxquels s'ajoutent quelques « pions » à mi-temps[1].

Les interlocuteurs de proximité (voir cette expression) remplacent avantageusement les surveillants dans les établissements les plus difficiles.

Mots ou expressions associés : aides-éducateurs, communauté scolaire, interlocuteurs de proximité.

T

TIC 8 8 8 8

> « Moi, la voie et le but, le soutien, le maître, l'objet de la Connaissance, la syllabe sacrée… »
> (*Le Bhagavadgītā*)

En toutes lettres : technologies de l'information et de la communication. Variantes : NTIC et TICE, où N signifie « nouvelles » et E « enseignement ». Désigne les ressources d'Internet et du multimédia.

En matière d'enseignement, l'ordinateur devient le

1. *Ibid.*

TIC

précepteur universel, le pédagogue idéal, « réseaux » et « didacticiels » venant au secours des maîtres. C'est là la moindre des vertus de cet outil miraculeux sur lequel on ne tarit pas d'éloges.

Les cognitivistes y trouvent la confirmation de leurs théories de l'intelligence.

... les NTIC instrumentent de façon plus adaptée nos trois grandes fonctions cognitives d'êtres vivants en relation avec leur environnement : perception ou saisie des

événements sensibles, internes et externes ; action ou transformation autopilotée d'états et d'objets [...] ; représentation mentale ou conservation des acquis par catégorisation, mémorisation, et autogénération d'anticipation sous forme d'intentions et de stratégies d'action. De ce fait, les NTIC pourraient devenir (enfin !) les outils d'un vrai constructivisme mental, de type piagiétien : à condition, bien sûr, que les apprenants réunissent les conditions socio-affectives nécessaires pour le vouloir et le pouvoir[1].

Les néo-pédagogues et les technocrates y voient une source de renouvellement de l'enseignement, toujours plus interactif et individualisé.

La société de l'information va modifier les modes d'enseignement en substituant au rapport trop passif de l'enseignant et de l'enseigné le nouveau rapport, a priori *fécond, de l'interactivité*[2].

Le développement des applications de l'ordinateur en éducation passe d'abord par l'idée d'individualiser l'enseignement[3].

Grâce aux technologies d'information et de communication (TIC), les élèves peuvent davantage apprendre par

1. Monique Linard, professeur émérite en sciences de l'éducation à Paris X Nanterre, *Cahiers pédagogiques*, n° 362, mars 1998.

2. *Livre blanc sur l'éducation*, Commission européenne, 1995.

3. Pierre Bordeleu, université de Montréal, *Cahiers millénaires*, n° 18, janvier 2000.

eux-mêmes. Face à un développement formidable des connaissances, le système éducatif doit se donner comme priorité de rendre l'élève capable d'apprendre par lui-même. Les technologies d'information et de communication constituent un moyen essentiel d'accès à la connaissance[1].

On a pu constater que les NTIC répondent à la plupart des objectifs du système éducatif puisqu'elles permettent d'élaborer des outils diversifiés et transférables (télé-enseignement, logiciels...), de prendre en compte l'hétérogénéité des élèves et de favoriser leur autonomie dans l'accès à l'information. L'introduction des NTIC implique une modification des modes d'accès au savoir, des modes d'apprentissage et de l'organisation des établissements[2].

Pour les enseignants, c'est une occasion inespérée de revaloriser leur obscure fonction.

C'est tout l'art de l'enseignant de demain : aider le navigateur de ces nouveaux espaces à intégrer des savoirs dans des cultures, et des cultures dans des pratiques... Le professeur est un médiateur, un catalyseur, un animateur. Son rôle est socratique : il montre des chemins d'accès aux connaissances[3].

---

1. Ségolène Royal, *La Mutation des collèges*, *op. cit.*
2. *XXI*e *Siècle*, n° 2, juin 1998.
3. Joël de Rosnay, *Cahiers pédagogiques*, n° 362, mars 1998.

L'Internet éduquera et contrôlera sans punir, aidera chacun à son rythme, s'affranchira des distances et du temps, permettant aussi bien l'enseignement à distance que l'enseignement tout au long de la vie. Ce système ne sera pas sans présence humaine. Il sera au contraire animé, guidé, organisé par les enseignants, prêts à répondre aux questionnements des élèves et à leur confectionner un programme sur mesure. Bref, nous aurons là un mode d'enseignement associant les racines de notre culture dans les contenus, la modernité dans les méthodes[1].

Dorénavant, toutes les connaissances sèches seront à disposition sur Internet. Le rôle du prof sera d'enseigner ce qu'on n'y trouvera pas. Le prof sera un guide, un référent, une aide. Internet va tout balayer ; on pourra se préparer au bac sur la « toile ». L'école doit donc impérativement s'adapter[2].

Ou disparaître ? Pas si vite, car l'industrie du multimédia doit pouvoir compter sur elle pour assurer son développement.

Lors de la réunion du G7 à Bruxelles, en février 1995, sur la société de l'information, la Commission a… insisté

---

1. Claude Allègre, *Le Nouvel Observateur*, 6-12 avril 2000.
2. Claude Allègre, *Paris Match*, 13 avril 2000.

sur la nécessité d'un encouragement à la production européenne de logiciels éducatifs [1].

Développer les pratiques pédagogiques nouvelles, démultiplier l'accès au savoir, susciter une nouvelle industrie française du logiciel éducatif [2].

Quant aux entreprises, elles peuvent espérer trouver plus aisément, sur le marché du travail, des individus enfin autonomes et préparés à entrer dans les processus de production.

Alors que l'école va avoir tendance à assister l'enfant, l'ordinateur va faciliter un apprentissage personnalisé et désiré. La socialisation ainsi construite sera plus pertinente et plus valorisante, partant du système de valeurs et de représentations de l'enfant au lieu d'imposer le respect d'une série de règles obligatoires... Une véritable pédagogie, intégrant très tôt l'ordinateur, permettrait pourtant de former des enfants mieux dotés pour l'action quotidienne qu'ils ne le sont par des savoirs théoriques et mal circonstanciés [3].

Les technologies de l'information pénètrent de manière massive aussi bien les activités liées à la production que les activités liées à l'éducation et à la formation. En ce sens, elles opèrent un rapprochement entre les « manières

1. *Livre blanc sur l'éducation*, Commission européenne, 1995.
2. *XXIe Siècle*, avril 1999.
3. Claire Noy, *Cahiers pédagogiques*, n° 362, mars 1998.

d'apprendre » et les « manières de produire. » Les situations de travail et les situations d'apprentissage tendent à devenir proches sinon identiques du point de vue des capacités mobilisées [1].

Mots ou expressions associés : adaptabilité, apprendre à apprendre, autodidaxie, compétences, individualisation, guide, médiateur, tout au long de la vie.

TOUT AU LONG DE LA VIE 8 8 8 8

« *It's a long way to Tiperrary...* »
(Jack Judge)

Traduction de l'expression anglaise *long life learning* inspirée par les thèses de *knowledge society* ou *learning society* de Peter Drucker, théoricien du management dans les années 1960.

L'« apprentissage tout au long de la vie » repose sur une vision particulière de la formation, essentiellement chargée de produire des individus adaptables et autonomes, capables de suivre les transformations rapides et imprévisibles des processus de production. Il en résulte deux conséquences. Premièrement, l'école doit avant tout initier à des comportements, former à une disposition d'esprit, dispenser des méthodes, « apprendre à apprendre » ; les connaissances, considérées comme périssables, étant réduites aux

1. *Livre blanc sur l'éducation*, Commission européenne, 1995.

« fondamentaux ». Deuxièmement, des systèmes souples de formation doivent exister en dehors de l'école auxquels les individus pourront avoir recours, de préférence à leurs frais, pour demeurer « employables ».

Le rapport de la Table ronde des industriels européens (février1995) a insisté sur la nécessité d'une formation polyvalente, fondée sur des connaissances élargies, développant l'autonomie et incitant à « apprendre à apprendre » « tout au long de la vie[1] *».*

Le rapport 1998 de l'OCDE sur les politiques d'éducation recommande de *s'adapter à l'évolution permanente des emplois et des parcours professionnels.*

Monsieur Madelin préfère désormais parler de « crédit formation » et d'« éducation tout au long de la vie », comme Jacques Delors et Michel Rocard[2].

Mots ou expressions associés : apprendre à apprendre, autodidaxie, autonomie, formation, individualisation.

Transmission 8

> « C'était une bonne chose que cette habitude ancienne de transmission des portraits de famille. C'était un enchaînement de la famille. Les morts n'étaient enterrés que jusqu'à la ceinture. »
> (Edmond et Jules Goncourt)

1. *Livre blanc sur l'éducation*, Commission européenne, 1995.
2. *Le Monde*, 25 septembre 1999.

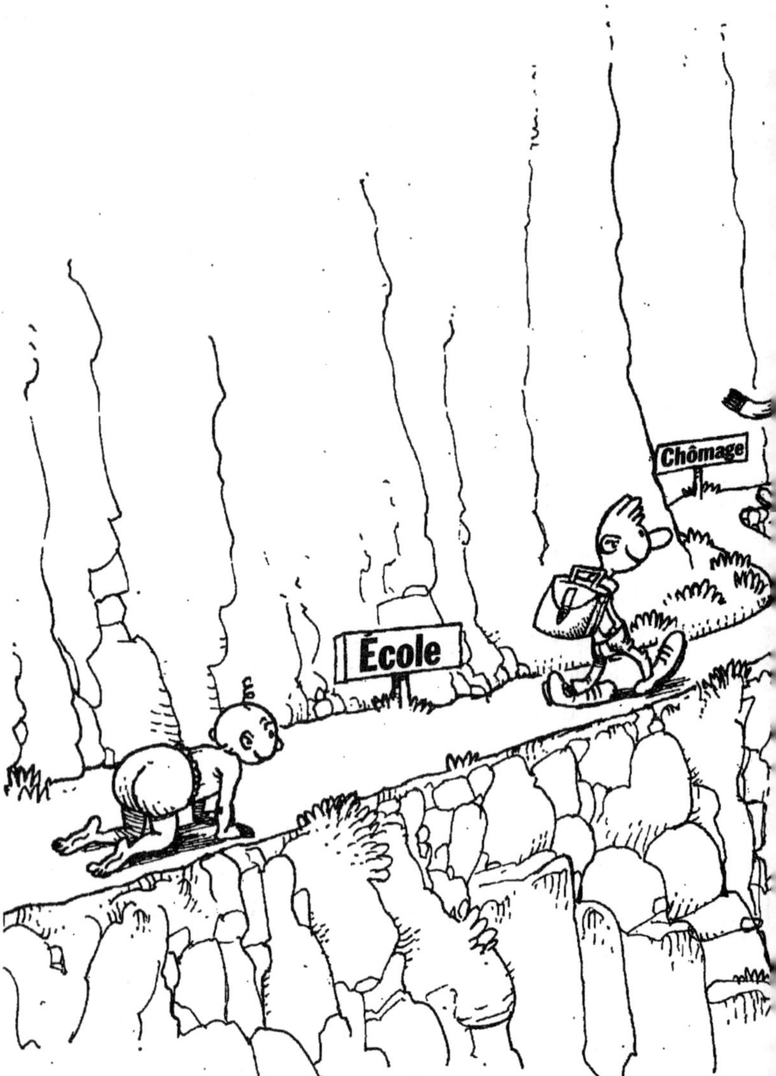
École
Chômage

Tout au long de la vie

L'acte qui consiste à transmettre un savoir, des connaissances à l'enfant est une pratique condamnable, aussi le substantif « transmission » est devenu nettement péjoratif.

Nos « républicains »... sont des mystiques. Ils exaltent la transmission des savoirs[1]...

Les textes *ont marqué le passage d'une pédagogie axée sur la transmission et le contrôle des connaissances, à une pédagogie axée sur la formation plus individualisée des élèves, s'appuyant sur l'évaluation progressive des apprentissages*[2]...

Les IUFM continuent à apprendre aux futurs maîtres l'art de transmettre, mais de manière désincarnée : la transmission, débarrassée des connaissances, concerne désormais les seuls savoir-faire.

À force de se polariser sur l'adaptation au terrain, on en oublie les priorités... On a remplacé les savoirs par les savoir-faire, on apprend aux futurs enseignants à transmettre, mais bientôt ils n'auront plus rien à transmettre[3].

Mots et expressions associés : apprenant, apprendre, apprendre à apprendre, compétences, connaissances, encyclopédisme.

---

1. Philippe Meirieu, *Libération*, 8 septembre 1999.
2. Rapport 1998 de l'IGEN, La Documentation française.
3. Arlette Toussaint, professeur de français à l'IUFM de Versailles, *Le Monde de l'éducation*, septembre 1998.

TRANSVERSAL 8 8 8 8

« Verticalement, tu n'es pas une affaire…
Mais horizontalement, c'est toi que je préfère
Et de loin… »
(Zizi Jeanmaire)

Au sens propre : qui coupe au travers ; au sens figuré : qui fait appel à différents domaines d'activités.

Les questions transversales, la tranversalité en général sont le dada des rénovateurs. Elles permettraient à la fois de vaincre la tendance à l'insularité disciplinaire et d'alléger les programmes.

C'est un moyen d'éviter les redondances à la frontière de deux disciplines et ainsi d'alléger les programmes : la tectonique des plaques n'a pas besoin d'être abordée par le professeur des sciences de la vie et de la Terre en quatrième et par celui de géographie en seconde ; des questions transversales comme l'environnement, la bio-éthique, la plupart des questions d'éducation civique impliquent l'intervention de plusieurs disciplines [1].

Cet éloge de la transversalité laisse pantois.

Ou bien une seule discipline peut traiter une question transversale, qui du coup ne l'est plus, ou bien plusieurs peuvent l'aborder, chacune de manière spécifique. Ainsi la tectonique des plaques n'est-elle pas étudiée sous le même angle en

1. Claude Thélot et Philippe Joutard, *Réussir l'école*, *op. cit.*

Transversalité

sciences de la vie et de la Terre, et en géographie : c'est le même phénomène mais pas les mêmes notions à transmettre ni la même démarche disciplinaire. Pour changer de domaine : qui oserait dire qu'un cours sur les hormones sexuelles dispense d'étudier l'expression des passions dans l'œuvre de Racine, ou l'inverse ?

Et que penser du projet de mettre au programme des questions transversales comme la bio-éthique ou l'environnement, sinon que c'est confondre enseignement et information !

Synonymes de transversalité : la transdisciplinarité et la pluridisciplinarité. Ces deux notions ne sont guère plus solides. Pour preuve, les explications embarrassées données par un expert.

Il faut redire que dans la pratique, il n'y a jamais eu d'abandon des contenus disciplinaires, ils sont restés la préoccupation massive de l'enseignement. Je ne crois pas que la transdisciplinarité soit remise en cause par ces constats. Mais on comprend maintenant que les transferts de compétences, d'une discipline à une autre, ne vont pas de soi. Un élève qui aurait acquis la notion de transitivité en mathématiques ne sait pas nécessairement l'appliquer en grammaire pour accorder le participe passé. Même si c'est la même opération mentale qui est à l'œuvre, il ne suffit pas de l'avoir acquise en mathématiques pour l'appliquer automatiquement ailleurs[1].

Autrement dit, on s'est aperçu que la transdisciplinarité ne facilitait en rien l'apprentissage. On s'étonnera alors de la création de TPE, ou travaux personnels pluridisciplinaires et encadrés, au niveau de la première dès la rentrée 2000 et de la terminale en 2001.

Pour la première fois, une véritable plage de travail pluridisciplinaire est ainsi potentiellement créée au lycée... En terminale, l'élève prépare un seul dossier sur l'année. Une réflexion s'engagera sur la manière de prendre en compte au baccalauréat, de manière significative, ce dossier interdisciplinaire[2].

1. Philippe Meirieu, *Sciences humaines*, hors-série n° 24, mars-avril 1999.
2. *Le Monde de l'éducation*, septembre 1999.

Mots ou expressions associés : pluridisciplinarité, transdisciplinarité, transfert, transférable.

TUTEUR 8 8 8 8

« Soulagez vos pivoines de leur tuteur… »
(*L'Ami des jardins*)

Substantif emprunté au domaine juridique ou à celui du jardinage. Synonyme d'adulte référent, membre de la communauté scolaire, chargé, à titre bénévole, du suivi d'un élève.

L'enfant pourra ainsi, au sein même du collège, établir une relation privilégiée avec un adulte-tuteur, auquel il pourra parler en confiance, qui le suive, l'épaule et fasse le lien avec la famille et le professeur principal ainsi qu'avec toute l'équipe pluriprofessionnelle de l'établissement[1].

Le tuteur peut prendre appui sur l'équipe pluriprofessionnelle mise en place dans l'établissement. Il définit avec l'élève et sa famille des méthodes de suivi[2].

Le tutorat relève d'une conception caritative de l'enseignement.

Mot associé : suivi.

1. Ségolène Royal, *La Mutation des collèges*, *op. cit.*
2. *Ibid.*

Vie 8 8 8 8

« La vie est ailleurs. »
(Arthur Rimbaud)

Substantif utilisé dans les expressions *vie lycéenne, lieux de vie*.

Il est créé un conseil de la vie lycéenne... il contribue à faire de tous les lycées des lieux de vie habités, où la voix des adultes et celle des élèves pourront s'exprimer [1].

Traditionnellement consacrés aux études, les établissements secondaires doivent devenir, nous dit-on encore, des *agoras, des petites cités*, des lieux d'initiation à la *citoyenneté sociale*.

Dans ces enclos *habités* les élèves seront éduqués à la sociabilité, à la sexualité, à la consommation, à la gestion des conduites à risques, à la sécurité routière, etc.

Il y a trente ans, le mot d'ordre était d'ouvrir l'école sur la vie, il est aujourd'hui d'enfermer la vie dans l'école.

Mots ou expressions associés : citoyenneté, communauté éducative, éducation à, hospitalité.

---

1. Rapport final du comité d'organisation de la consultation nationale sur les savoirs au lycée, 11 mai 1998.

XXIe SIÈCLE

« Le passé radieux a fait de brillantes promesses à l'avenir. »

(Isidore Ducasse)

Formule magique laissant entendre que demain sera plus beau qu'aujourd'hui. L'entrée dans un nouveau siècle, surtout quand elle coïncide avec le début d'un nouveau millénaire, est à célébrer sans retenue. Les réformateurs n'ont pas manqué de le faire.

La revue officielle du ministère de l'Éducation nationale porte le titre rutilant de *XXIe Siècle* [1], le projet de réforme des lycées a été baptisé *Charte pour le lycée du XXIe Siècle*.

Pourtant, à en croire nos modernes pythies, le siècle à venir réserve aux générations futures plus de désillusions et de difficultés que de beurre et de confitures sur les tartines ; leur optimisme de façade cède vite la place à un millénarisme menaçant.

Je comprends... l'espoir démesuré que l'école réponde à tout, et celui, légitime, qu'elle arme, le mieux possible, pour affronter un avenir incertain [2].

La « mondialisation » des échanges, la globalisation des

1. *XXIe Siècle*, publication bimestrielle du ministère de l'Éducation nationale de la Recherche et de la Technologie envoyée depuis avril 1999 au domicile de chacun des 1 250 000 agents de cette administration « pour améliorer la diffusion et réduire le coût ».

2. Ségolène Royal, *La Mutation des collèges*, *op. cit.*

XXIe siècle

technologies et, en particulier, l'avènement de la société de l'information, ont augmenté l'accès des individus à l'information et aux savoirs. Mais, en même temps, tous ces phénomènes entraînent une modification des compétences acquises et des systèmes de travail. Pour tous cette évolution a accru l'incertitude[1]*...*

Un monde en perpétuel changement, où il est difficile de se projeter dans l'avenir. Le changement et l'incertitude sur l'avenir renouvellent la question du fonctionnement du service public[2].

La marque des temps à venir est précisément l'incertitude. Les vies personnelles, sociales, professionnelles des enfants qui, aujourd'hui, entrent à l'école, se dérouleront sous le sceau de l'incertitude, de la variabilité[3].

L'école se doit de préparer l'individu à se mouvoir dans un monde dont on ne connaît pas encore les contours. Elle doit même préparer les élèves à l'inventer[4].

Qu'on se le tienne pour dit !

Mots ou expressions associés : adaptabilité, employabilité, savoir-devenir.

---

1. *Livre blanc sur l'éducation*, Commission européenne, 1995.
2. Claude Pair, *Rapport sur la rénovation du service public de l'Éducation nationale*, 1998.
3. Claude Thélot et Philippe Joutard, *Réussir l'école*, *op. cit.*
4. André Giordan, directeur du Laboratoire de didactique et épistémologie des sciences de l'université de Genève, *Cahiers millénaires*, n° 18, janvier 2000.

VIOLENCE 8 8 8 8

« Faut qu'ça saigne ! »
(Boris Vian)

La violence *permet d'élaborer quelque chose à condition d'en faire un objet de travail dans le champ du symbolique... Comment rétablir la violence verbale qu'est l'insulte dans la dimension d'un acte de communication entre humains ?... Il a pu être noté, dans l'analyse de toute situation qui dégénère en violence, une vacillation de la place des professionnels et une perte des repères institutionnels pour tous*[1].

Vacillation ? Vacillation ! Tu m'insultes, ô bouffon !

Quelques conseils sur la conduite à tenir face aux actes de délinquance juvénile qui se multiplient en milieu scolaire :

– si l'on est un enseignant en situation de détresse, composer le numéro vert (appel gratuit) mis à disposition par le ministère ;

– si l'on est un homme politique responsable, déclarer après (et seulement après) que les médias se sont emparés d'une affaire, que « *la loi du silence doit être brisée* » ;

– si l'on est un élève, victime de racket ou d'exactions, prendre son mal en patience, et se dire que les coupables se trahissent plus vite que la souffrance ;

1. Plan de formation des formateurs 1999-2000, IUFM des Pays de Loire.

– si l'on est le parent d'une victime, rester digne devant la presse ;

– si l'on est le parent d'un fauteur de troubles, répéter : « *Je ne comprends pas ce qui a pu se passer.* »

D'une manière générale, multiplier les tables rondes et les commissions d'écoute : la violence, « *il faut en parler* ».

Mots ou expressions associés : l'autrement-dit, conduites à risques.

WAGON 8 8 8 8

> « Emporte-moi, wagon ! enlève-moi, frégate !
> Loin, loin ! ici la boue est faite de nos pleurs ! »
> (Charles Baudelaire)

Véhicule sur rails. Accrochés les uns derrière les autres, plusieurs wagons forment un train. Ce qui a inspiré à un ministre la métaphore suivante, tout empreinte de poésie ferroviaire : *Ce sont les premiers wagons du train des réformes* [1].

Mots associés : mutation, réforme, rénovation.

1. Claude Allègre, Vœux à la presse, 7 janvier 2000.

ZÉRO DÉFAUT 8 8 8 8

« Zéro plus zéro égale la tête à Toto. »
(Comptine)

Paraphrase de l'expression « qualité totale », empruntée au domaine de l'entreprise où elle définit un mode de gestion et de production tendant à la suppression des défauts dans la fabrication des biens ou dans la prestation des services.

Zéro défaut, c'est l'objectif fixé pour cette rentrée [1], a déclaré un ministre, peu avant de devoir passer la main.

Mots ou expressions associés : efficience, management, ressources humaines.

---

1. Déclaration de Claude Allègre à la rentrée 1999.

Post-scriptum

Ces quelques lignes, inhabituelles à la fin d'un ouvrage comme celui-ci, pour dire au lecteur notre stupeur croissante, à mesure que nous dépouillions notre documentation, devant le salmigondis que nous nous étions proposé d'expliquer.

Nous avions pressenti le désastre, nous étions loin d'en soupçonner l'ampleur.

Emprunts de fortune, contagions lexicales, métaphores burlesques ou pédantes, notions bricolées, concepts boiteux, phrases absconses fourmillent dans la prose officielle ou officieuse et semblent tout droit sortis de quelque cervelle déraillée.

Et que dire de la contamination du vocabulaire de l'école par celui de l'entreprise, de l'abandon des mots purs et clairs qui furent les siens, pour des termes aussi à la mode qu'étrangers et inadaptés à sa mission ?

Jamais nous n'avons si bien compris à quel point l'institution scolaire mérite aujourd'hui sa réputation d'opacité et pourquoi tous ceux qui l'observent de l'extérieur lui trouvent une parenté avec l'univers kafkaïen !

LES AUTEURS

Compogravure : Facompo
14100 Lisieux

Impression réalisée sur CAMERON par

BRODARD & TAUPIN

GROUPE CPI

La Flèche

pour le compte des Éditions Ramsay
en septembre 2000

Imprimé en France

Dépôt légal : septembre 2000
N° d'impression : 4029
ISBN : 2-84114-480-1